리셋 마인드셋

흔들리는 순간, 다시 선택하는 힘

리셋 마인드셋

RESET MINDSET

페니 젠커 지음 | 안진환 옮김

PENNY ZENKER

베누스

내 가족과 독자 여러분에게 이 책을 바친다.

이 책을 읽으며

각자가 지닌 최고의 잠재력을 발휘할

열쇠를 찾길 바란다.

'5초의 법칙' 이후로 삶을 변화시키는 이보다 더 단순하면서도 강력한 방법을 본 적이 없다.
_멜 로빈스(Mel Robbins), 베스트셀러 《5초의 법칙(The Five-Second Rule)》의 저자

개인적 성장과 적응적 변화의 교차점을 능숙하게 탐색하는 혁신적인 안내서다. 페니 젠커는 자신의 인생 경험을 바탕으로 변화하는 세상에서 성공하기 위한 필수 도구로써 재평가와 재창조의 중요성을 강조하며 강력한 방법론을 제시한다. 이 책은 개인적이든 직업적이든 장애물을 극복하고 성취를 이루기 위해 마인드셋의 힘을 활용하고자 하는 모든 이의 필독서다. 역동적인 재평가와 가치 창출에 초점을 맞춘 이 책은 목적에 맞춰 방향을 전환하고 개선의 여정을 받아들일 준비가 된 사람들에게 실용적인 전략을 제시한다.
_마셜 골드스미스(Marshall Goldsmith), 씽커스50(Thinkers50) 선정 세계 1위 경영 코치, 베스트셀러 《트리거(Triggers)》의 저자

이 책은 기업가적 여정을 구체화한다. 현재의 위치를 진단하고 나아갈 방향을 재정립하며 목표에 도달하는 방식을 재창조하는 법에 관한 책이다. 비즈니스와 개인 목표에 대한 접근 방식을 혁신할 수 있는 실질적인 도구를 담고 있다.
_제프 호프먼(Jeff Hoffman), 프라이스라인닷컴(Priceline.com)의 공동 창업자이자 전 CEO, 《스케일(Scale)》의 공저자

단순히 변화를 권유하는 것이 아니라 전략적이고 효과적인 변화를 위한 구조화된 접근 방식을 제공하는 책이다. 불확실성이 가득한 세상에서 보다 정확한 판단을 내리고자 하는 사람들을 위한 단순하면서도 명확한 설계도다.
_하워드 프리드먼(Howard Friedman), 우츠스낵스(Utz Snacks)의 CEO

반성적 사고를 효율성 높은 행동으로 전환하도록 영감을 주고 그 과정을 안내한다. 페니 젠커는 개인적 성장과 직업적 발전 모두에 적용할 수 있는 명확하고 구체적인 전략을 제시한다.

_다이애나 부허(Dianna Booher), 베스트셀러 《자신 있게 소통하라(Communicate with Confidence)》의 저자

《리셋 마인드셋》은 보다 자신감 있고 명료하며 창의적으로 삶에 접근하고자 하는 모든 사람에게 실행 가능한 통찰력을 제공한다. 이 책으로 마인드를 리셋하라.

_로버트 G. 앨런(Robert G. Allen), 기업가 · 투자 전략가, 〈뉴욕타임스〉 베스트셀러 1위 작가

페니 젠커는 사람들과 조직이 불필요한 혼란을 뚫고 집중력을 극대화해 진정으로 중요한 일에 온전히 집중할 수 있도록 돕는 데 탁월한 전문가다. 리셋 마인드셋을 채택하고 실행하는 것은 당신이 내릴 수 있는 최고의 결정 중 하나다.

_폴 엡스타인(Paul Epstein), 리더십 전략가 · 전 NFL 및 NBA 임원, 베스트셀러 《공격적 플레이의 힘(The Power of Playing Offence)》과 《더 나은 결정을 더 빨리 내리는 법(Better Decisions Faster)》의 저자

주의력 관리의 원칙을 이 책 곳곳에서 확인할 수 있다. 페니 젠커의 '리셋 마인드셋' 개념은 주의 산만을 통제하고 목표 달성에 더욱 집중하고자 하는 모든 사람에게 유용한 기술이다. 이 프레임워크는 간단하지만 강력하다. 가장 중요한 것을 더 많이 성취할 수 있는 방법을 찾고 있다면 강력히 추천한다.

_모라 네벨 토머스(Maura Nevel Thomas), 생산성 전문가, 《주의력 관리(Attention Management)》의 저자

'리셋 모멘트' 개념은 내가 생각했던 것보다 훨씬 더 전염성이 강했다. 우리 조직 구성원들은 이 개념을 빠르게 공용어로 받아들였다. 조직에 리셋 마인드셋을 구축한 후, 스트레스와 갈등이 줄어들었고, 구성원들이 선택권과 기회를 더 적극적으로 인식하는 등의 눈에 띄는 변화가 생겼다.
_브랜든 긴즈버그(Brandon Ginsberg), 어패럴매직(ApparelMagic)의 CEO

페니 젠커는 이 책에서 놀라운 성과를 보여 준다. 회복탄력성과 마음챙김, 그리고 행동이 삶과 커리어를 스스로 주도하는 최고의 방법이라는 것을 강력하게 상기시킨다. 삶과 리더십을 한 단계 끌어올리고자 하는 사람이라면 반드시 읽어야 할 책이다.
_케리 시긴스(Kerry Siggins), 스톤에이지(StoneAge)의 CEO,《주인의식 마인드(The Ownership Mind)》의 저자

'리셋 마인드셋'은 단순히 생각을 다르게 하는 것에서 그치지 않는다. 목표를 달성하기 위해 진정한 변화를 구현하는 것이 핵심이다. 이 책은 개인적, 직업적 탁월성을 추구하는 모든 사람에게 귀중한 자료가 될 것이다.
_토니아 자샨(Tonia Jahshan), 시폴로지(Sipology)의 CEO, W100 선정 캐나다 1위 여성 기업가, 포브스닷컴 선정 '주목해야 할 여성 리더'

'의미를 부여하는 능력만큼 우리가 통제할 수 있는 강력한 힘은 없다'라는 명제는 이 책과 우리의 삶을 관통하는 심오한 전제다. 이 책은 역경을 개인적 발전으로 바꾸고, 의미와 성취감이 넘치는 삶을 누릴 수 있도록 영감을 준다.
_브루스 터켈(Bruce Turkel), 기조연설자,《브랜드 가치 구축하는 법(Building Brand Value)》의 저자

어떤 조직의 리더에게든 이 책을 강력하게 추천한다. 매일 마주하는 혼란과 방해를 헤쳐 나갈 수 있는 두뇌 친화적인 청사진을 발견할 수 있다. 스트레스를 줄이고 명확성을 높이며 의사 결정을 개선하는 효과를 얻을 것이다.

_제이슨 존스(Jason Jones), 조직 심리학자, 베스트셀러 《액티베이터(Activator)》의 저자

이 책은 삶의 개선과 성장을 위한 단순하면서도 강력한 프레임워크를 제공하는 데서 그치지 않는다. 모든 페이지와 모든 이야기에 지혜의 핵심이 담겨 있다. 동기를 부여하는 동시에, 실행 가능한 단계별 조언을 제시한다.

_키스 엘리아스(Keith Elias), NFL 선수 참여 부문 선임 이사

멈출 줄 모르는 세상에서 이 책은 잠깐의 멈춤과 더불어 강력한 메시지를 전한다. 그것은 바로 스스로 자신만의 내러티브를 만들 수 있다는 메시지다. 시대를 초월한 지혜, 최신 연구, 실용적인 조언이 독특하게 어우러진 이 책은 개인적, 직업적 성장을 위해 노력하는 모든 이들이 읽어야 할 책이다.

_니나 네스돌리(Nina Nesdoly), 연구원이자 기조연설자

차례

두려움인가, 설렘인가

약 10년 전, 친구이자 동료 모험가인 리사와 함께 라스베이거스 상공을 1만 피트 높이로 날아올랐다. 멀쩡한 비행기에서 뛰어내리기 위해 돈을 내고 탑승한 것이다.

스카이다이빙은 우리 둘의 버킷리스트에 늘 포함되어 있었다. 함께 여행하던 일행 중 누군가의 권유로 스카이다이빙을 예약했다. 나는 기대감에 몸이 떨렸다.

우리는 광범위한 오리엔테이션과 훈련 과정을 거쳤다. 아니다. 사실은 5분 정도 스툴에 엎드린 채 '팔을 뻗으세요. 숨

쉬는 거 잊지 마세요. 그냥 발만 들면 아무런 문제가 없을 거예요'라는 설명을 들었을 뿐이다. 훈련은 짧았지만, 면책 동의서는 그렇지 않았다. 100쪽이 넘었으니까. 서명을 마친 후, 우리는 비행복을 입고 고글을 착용한 다음 점프 파트너를 만났다. 우리는 각자 등 뒤로 강사와 묶인 채 함께 뛰어내리는 '탠덤tandem 점프'를 할 예정이었다.

장대한 면책 동의서에 서명하는 동안 설렘은 두려움으로 바뀌었다. 조용히 의문이 일었다. '준비 과정은 이게 다인가?' 점프의 짜릿함에 대한 기대감이 일순 사라지고, 대신 잘못될 수도 있는 모든 경우의 수가 머릿속을 채웠다. 어쨌든 그 모든 위험이 바로 동의서에 흑백 활자로 나열되어 있지 않은가. 이처럼 최악의 경우를 상상하는 식의 집중은 감정을 증폭시키기 마련이다. 비행기를 향해 걸음을 옮길수록 불안은 더 커져만 갔다. 나 스스로 선택한 스카이다이빙이었지만, 막상 현실로 닥치니 무섭고 버겁게 느껴졌다. 나는 리사를 바라보았다. 그녀도 긴장한 게 분명했다. 비행기에 오르는 줄에 서자, 리사가 내 팔을 끌어당기며 맨 뒤로 가자고 했다. '최대한 뒤로 미루자'라니, 참 괜찮은 계획 아닌가.

우리는 스스로 잘하고 있다고 느끼며 긴장된 마음을 웃음과 농담으로 풀기 시작했다. 하지만 비행기 입구에 도착하자 농담이 저주로 돌아왔다. 모든 좌석이 꽉 차 있었고, 수석 강사가 우리에게 문 바로 앞 바닥에 앉으라며 손짓했다. 웃고 농담하던 우리는 얼어붙고 말았다. 우리가 마지막이 아니라 첫 번째로 점프해야 한다는 사실을 깨닫게 되었으니까. 그렇게 사람들로 꽉 찬 비행기는 하늘로 솟아올랐다.

고도가 높아질수록 두려움도 함께 치솟았다. 손이 떨리며 땀으로 젖었다. 속이 울렁이고 머리가 빙빙 돌았다. 프로펠러 소리는 마치 내 머릿속에서 톱날이 돌아가듯 시끄럽게 울렸다. 비행기가 적정 고도에 도달하자 갑자기 문이 열렸다. 거센 바람에 리사의 긴 머리카락이 허리케인 속 깃발처럼 뒤로 사정없이 휘날렸다. 나는 구름을 내려다보며, 나를 여기까지 이끈 내 인생의 모든 결정을 의심하기 시작했다.

공포에 휩싸인 리사의 얼굴에서 핏기가 사라졌다. 그녀는 등 뒤에 묶인 강사에게 저항하기 시작했다. 하지만 강사는 이런 상황을 이미 수없이 겪어 본 듯했다. 그는 냉정하게 그녀를 앞으로 밀었다. 출구에 다다르자, 리사는 문 옆을 붙들었다. 온 힘을 다해 버티느라 그녀의 손마디가 하얗게 변했다. 하지만 강사의 힘이 더 강했다. 그는 그녀를 밀어냈고, 우우우웅 소리와 함께 그들은 순식간에 사라졌다. 거센 바람을 뚫고, 리사가 가장 즐겨 쓰는 욕설을 질러 대는 소리가 들려왔다. "Fuuuuuuuu……!!!"

갑자기 강사가 나를 앞으로 미는 느낌이 들었다. 어떤 식으로든 나는 이 비행기를 떠나게 될 것이 분명해졌다. 나는 리사의 얼굴을 떠올리며 그런 꼴은 되지 말아야겠다고 마음먹었다.

나는 '리셋 모멘트 Reset Moment'라는 시간을 가졌다. '의도적으로 멈춰 다시 생각하고 다시 연결하며 의식적으로 선택하는 순간'이라는 의미로 내가 붙인 이름이다. 다시 말해, 잠시 멈춰 마인드와 몸을 리셋한다는 뜻이다. 나는 심박수를 조금이라도 낮추기 위해 심호흡을 했다. 그러자 정신적으로 한 걸음 물러나 상황을 다시 바라볼 수 있었다. 스카이다이빙을 하러 나선 애초의 이유를 떠올렸다. 나 자신에게 도전하고,

안전지대를 넓히며, 새롭고 경이로운 경험을 하기 위해서였다. 내가 선택만 한다면 이건 분명 즐길 수 있는 일이었다. 그래서 나는 곤두박질쳐 죽을지도 모른다는 생각에서 벗어나기로 했다. 어차피 아무런 도움이 안 되니까. 대신 등 뒤에 묶인 강사가 이미 수백 번 이 일을 해냈다는 사실에 집중하기로 했다. 말 그대로, 강사가 내 뒤를 받쳐 주고 있었다.

이 간단한 초점 전환으로 나는 진정되었다. 그리고 얼굴 가득 환한 미소를 지은 채, 저항하고픈 충동을 내려놓고 푸른 허공으로 몸을 날렸다.

잊을 수 없는 경험이 펼쳐졌다. 그 놀라운 시점으로 세상을 바라보니 온전한 존재로 살아 있다는 느낌이 들었다. 설명할 수는 없지만 내 안의 무언가가 바뀌었다. 만 피트 상공에서 지구를 내려다보면 인생 전체를 바라보는 방식이 달라진다.

지상에 도착했을 때 리사는 내려와 있었다. 여전히 창백한 얼굴로 떠는 모습이었다. 리사와 나는 같은 모험을 치렀지만 각자 아주 다른 경험을 한 셈이었다. 잠시 리셋 모멘트를 갖고 스카이다이빙 경험에 대한 통제력을 되찾은 덕분에 나는 리사처럼 떠밀려 떨어지지 않았다. 나는 스스로 뛰어내렸다.

이것이 바로 '리셋 마인드셋Reset Mindset'의 힘이다.

"리셋 마인드셋은
좀 더 의식적으로 선택하고
목적의식을 갖고 행동하며
원하는 결과에 집중하도록 돕는다."

1

리셋 마인드셋이란 무엇인가

리셋 마인드셋은 내가 열아홉 살이던 해, 아버지가 비극적인 사고로 돌아가신 이후부터 어떤 형태로든 내 삶의 일부로 자리 잡았다(이 이야기는 뒷부분에서 더 다루게 될 것이다). 리셋은 단순히 대처 메커니즘으로 시작되었다. 즉, 내 삶이 완전히 통제 불능이라고 느껴질 때 스스로를 조절하고 통제권을 되찾기 위한 방법이었다.

그 시기에 리셋이 놀랍도록 효과적이어서 문득 이런 의문이 들었다. '왜 삶을 뒤흔드는 큰 사건이 오기만을 기다려야 하는가? 언제든 생각을 재정비하고 집중력을 재설정할 수 있는데?' 그렇게 나는 한 발 물러섬으로써 한 걸음 더 나아갈 기회, 즉 리셋 모멘트를 점점 더 많이 찾기 시작했다.

삶은 혼란스럽고 복잡하며 불확실할 수 있다. 리셋 마인드셋은 궁극적으로 복잡한 것을 단순하게 만드는 데 도움이 되었다. 나는 이것이 나의 성공과 개인적인 성취의 원동력이라고 믿는다. 당신도 그런 혜택을 누릴 수 있다.

오늘날의 비즈니스 환경에서 변함이 없는 것은 파괴적 혁신과 변화뿐이다. 그 결과, 직장 내 마인드셋이 모든 산업에서 조직 문화와 성과의 중요한 요소로 인식되고 있다. 마인드셋은 끊임없이 급변하는 오늘날의 비즈니스 환경에서 성공에 필수적인 혁신과 생산성, 적응력의 원동력이 되기 때문이다.

이러한 인식의 상당 부분은 2006년 캐럴 드웩Carol Dweck이 저서 《마인드셋: 성공의 새로운 심리학Mindset: The New Psychology of Success》을 통해 마인드셋이 개인적, 직업적 성공에 미치는 영향에 대한 논의를 제기하면서 확산되었다. 그녀의 획기적인 연구는 고정 마인드셋Fixed Mindset과 성장 마인드셋Growth Mindset을 구분하였고, 성장 마인드셋이 지닌 힘을 보여 주었다.

그것이 비즈니스 문화에 미치는 영향은 수치로도 확인할 수 있다. 연구에 따르면 성장 마인드셋 환경에서 일하는 직원은 회사에 강한 소속감을 느낄 확률이 34퍼센트 더 높고, 동료를 신뢰할 수 있다고 답할 확률도 47퍼센트 더 높다.*

닉슨매키니스NixonMcInnes와 같은 조직은 성장 마인드셋을 구체적으로 촉진할 수 있는 실천들을 도입했다. 직원들이 자신의 업무 실패에 대해 공개적으로 논의하고 새로운 전략을 모색하는 '실패 공유 모임Church of Fail'이 대표적이다. 그들은 이러한 활동을 통해 학습과 발전의 문화를 조성해 나가고 있다.

---

* HBR editors. "How Companies Can Profit from a 'Growth Mindset'", Harvard Business Review, November 2014. https://hbr.org/2014/11/how-companies-can-profit-from-a-growth-mindset.

미 해군도 또 하나의 예다. 미 해군은 지속적인 개선과 학습의 문화를 장려하기 위해 '현실 직시와 개선Get Real, Get Better'이라는 마인드셋 모델을 채택했다. 이 접근 방식은 수병과 장교들이 도전과 실패를 정면으로 마주하고, 이를 정직하게 평가하며 성장과 개선의 기회로 활용하도록 장려한다.

그렇다면 리셋 마인드셋은 다른 마인드셋과 어떻게 다를까? 그 차이점을 알아보기 전에, 공통의 이해를 돕기 위해 마인드셋부터 정의해 보기로 하자. 마인드셋이란 우리가 어떻게 세상을 바라보고 생각하느냐에 색을 입히는 정신적 필터, 즉 사고방식이다. 이것은 우리의 관심을 특정한 무언가에 쏠리게 하고 우리와 주변에서 일어나는 일에 대한 우리의 반응을 형성한다. 이제 리셋 마인드셋을 정의하고 이를 성장 마인드셋과 비교해 보자.

성장 마인드셋은 연습과 노력, 실수로부터의 학습을 통해 자신의 능력과 지능을 향상할 수 있다는 신념이다. 성장 마인드셋을 가진 사람은 도전과 장애물을 기회로 여기고, 실패는 일시적 좌절일 뿐이며, 이를 통해 배울 수 있다고 믿는다. 도전을 받아들이고, 좌절에도 굴하지 않으며, 경험을 통해 배우고, 다른 사람의 성공에서 영감을 찾는 것이 성장 마인드셋이다. 리셋 마인드셋은 역동적으로 재평가하고 기꺼이 재창조하려는 태도에 초점을 맞춘 사고방식이다. 성장 마인드셋과 리셋 마인드셋은 모두 잠재력을 극대화하고 위기를 기회로 전환하는 태도지만, 그 출발점은 서로 다르다.

성장 마인드셋이 변화에 적응하는 학습에 기반을 두고 있다면, 리셋 마인드셋은 변화를 만들기 위한 가치 창출에 기반을 두고 있다. 리셋 마인드셋은 능동적으로 변화를 주도하고, 실패를 재구성해 새로운 관점을 만들며, 복잡한 문제를 재평가하거나 새로운 기회를 활용하기 위해 새로운 연결을 창출하는 것에 관한 것이다. 또한 현재의 목표와 우선순위를 지속적으로 재평가함으로써 집중력과 에너지가 자신의 가치와 더 큰 열망에 부합하도록 만든다. 이러한 과정을 통해 목적의식과 전략을 새롭게 정립하게 된다.

성장 마인드셋이 현재 가고 있는 경로에서 발전하는 데 초점을 맞춘다면, 리셋 마인드셋은 새로운 정보나 상황에 맞추어 경로 자체를 바꾸려는 의지에 초점을 맞춘다. 이러한 구분이 중요한 이유는 개인과 조직이 성장과 변화에 접근하는 방식에 고유한 영향을 미치기 때문이다. 다음 표(표 1)는 마인드셋 유형 간의 초점 차이를 선명하게 보여 준다.

	고정 마인드셋	성장 마인드셋	리셋 마인드셋
성장	잠재력을 제한적으로 본다	학습을 통해 잠재력에 도달한다	가치 창출에 초점을 맞춘다
능력	능력은 변하지 않는다고 여긴다	노력으로 능력을 개발한다	변화에 빠르게 적응한다
좌절	도전을 회피하고 실패에 위협을 느낀다	실패로부터 배우고 도전을 기회로 삼는다	좌절을 새로운 초점으로 전환한다
시간 초점	변화에 저항한다	장기적 개발을 지향한다	단기적 민첩성을 확보한다
가치	타고난 재능을 중시한다	노력과 진전을 중시한다	피드백과 민첩성을 중시한다
학습	아는 것에만 머무른다	경험을 통해 학습한다	상황에 맞춰 학습한다
회복 탄력성	쉽게 포기하고 회복탄력성이 낮다	학습을 통해 회복탄력성을 강화한다	역동적으로 재평가한다
개선	현상 유지에 치중한다	점진적 개선을 지향한다	기꺼이 재창조한다
피드백	피드백에 방어적 태도를 취한다	피드백을 바라고 주기적으로 수용한다	피드백은 필수적이며 빈번히 활용한다
과거의 역할	과거의 실패나 성공에 집착한다	과거를 학습의 기회로 인식한다	과거를 활용해 미래를 재정의한다

표 1. 마인드셋 유형 비교: 세 가지 마인드셋은 성장과 변화에 접근하는 방식이 각각 다르며, 그중 리셋 마인드셋은 재평가와 재정렬을 통해 변화를 주도한다.

성장 접근법과 리셋 접근법 모두 결승선 같은 것은 없다. 변화하는 환경에 적응하거나 그에 맞춰 개선할 수 있는 여지는 항상 존재한다. 하지만 리셋 마인드셋은 업계의 트렌드와 갑작스러운 변화에 빠르게 대응하도록 이끌고, 그럼으로써 경쟁 우위를 제공해 잠재적으로 경쟁자보다 앞서 나갈 가능성을 높여 준다. 그리고 이것은 단순히 경쟁 우위의 문제가 아니라 생존의 문제일 수 있다.

1849년 찰스 다윈Charles Darwin은 다음과 같은 보편적인 진리를 남겼다.

"살아남는 종은 가장 똑똑한 종이 아니다. 가장 강한 종도 아니다. 살아남는 종은 변화하는 환경에 가장 잘 적응하고 조정할 수 있는 종이다."

예를 들어, 노키아Nokia는 2011년 초까지만 해도 세계 최고의 휴대폰 공급업체였다. 하지만 최신 스마트폰 기술에 느리게 적응하면서 점차 시장 점유율을 잃었고, 결국 2013년 마이크로소프트Microsoft에 매각되었다. 매각 당시 CEO는 연설 말미에 다음과 같이 말했다.

"우리는 아무런 잘못도 하지 않았습니다. 그런데도 어쨌든 패배했습니다."

그들이 패배한 것은 변화하는 환경에 충분히 빨리 적응하지 못했고, 기꺼이 스스로를 재창조하지 않았기 때문이다.

"리셋 마인드셋은 역동적으로 재평가하고
기꺼이 재창조하려는 태도에
초점을 맞춘 사고방식이다."

리셋의 반복이 사고를 바꾼다

인간의 뇌는 변화하고 적응하는 놀라운 능력을 지닌다. 그래서 우리의 개인적 성장과 변혁이 가능하다.

리셋 마인드셋은 인간의 뇌가 지닌 신경가소성neuroplasticity의 개념에 굳건히 뿌리를 두고 있다. 신경가소성이란 스스로를 재조직하고 새로운 신경 연결을 형성하는 뇌의 입증된 능력을 말한다.

신경심리학자 도널드 헵Donald Hebb은 저서 《행동의 조직화The Organization of Behavior》에서 다음과 같이 설명했다.

"함께 발화하는 뉴런은 함께 연결된다."

이 말은 반복을 통해 뇌의 경로가 형성되고 강화된다는 의미다. 다시 말해, 우리의 뇌는 신념을 군집화하여 그것을 더 효율적으로 실행할 수 있도록 만든다. 이는 컴퓨터의 운영체제와 매우 유사하다. 우리의 반응도 소프트웨어처럼 자동으로 '로드'된다. 하지만 이러한 신경 군집은 일종의 '프로그래밍' 과정을 거쳐야만 형성된다. 결국, 어떤 행위와 행동을 반복적으로 수행할지 선택함으로써 스스로 마인드셋을 바꿀 수 있다는 애기다.

또는 이를 근육 기억의 형성과 같은 것으로 간주할 수도 있다. 피아니스트가 반복 연습을 통해 건반 위를 미끄러지듯 손가락을 움직이는 것이나 스피드 큐버가 숙련된 알고리즘을 통해 루빅스 큐브를 몇 초 만에 맞추는 것, 혹은 자전거 타기나 신발 끈 묶기 같은 단순한 동작처럼 말이다. 꾸준히 반복하다 보면 한때는 의식적으로 주의를 기울여야 했던 작업도 어느새 자연스러운 습관이 된다.

이러한 과정은 변화나 도전 또는 불확실성에 직면할 경우, 우리의 사고 패턴에도 동일하게 적용된다. 사고의 전환이 반복될 때마다 뇌는 생각에 적응하고, 재평가하고, 재구성하는 데 더욱 능숙해진다. 이렇게 훈련된 유연성은 자동으로 발휘되어 창의력을 활용하고 관련성과 가치, 우선순위를 손쉽게 평가할 수 있게 한다. 시간이 지나면서 근육이 움직임을 기억하듯, 우리의 뇌도 이러한 적응적 사고방식을 기억하여 새로운 상황에 직면할 때 본능적으로 적용하게 된다.

마인드셋의 상당 부분은 성장 과정에서 형성된 뿌리 깊은 편견과 가정에 의해 이미 프로그래밍되어 있는 것이 사실이다. 하지만 이를 다시 프로그래밍할 수 있는 능력 역시 우리에게 있다. 어떤 생각과 행위, 행동을 반복적으로 수행할지 선택할 수 있기에 그렇다.

리셋 마인드셋을 활성화하면 사람이나 문제, 기회에 접근하는 방식을 자동으로 재평가하게 된다. 계속해서 자신을 재창조(그리고 재프로그래밍)할 수 있게 되는 것이다. 상황이 변해도 그에 맞춰 적응하며 사업이 뒤처지지 않게 할 수 있다. 또한 어제의 최선의 방법이 내일은 물론이고 오늘도 통하지 않을 수 있다는 사실을 받아들이게 된다. 항상 무엇이 효과가 있고 없는지 정직하게 객관적으로 살펴볼 수 있기에 변화를 두려워하지 않고 환영하게 된다.

학습의 핵심은 반복이다. 나는 당신이 이 책을 읽은 후 오래도록 리셋 마인드셋을 활용하기를 바란다. 중요한 것은 '조건화conditioning’이다. 리셋 마인드셋을 구축하는 조건화, 즉 근육 기억과 반복은 ‘리셋 실행Reset Practice’을 통해 구현할 수 있다.

> “반복은 습관을 만들고
> 습관은 사고방식을 만든다.”

멈추고, 보고, 다시 정렬하라

리셋 실행은 단순한 세 단계로 구성된다. 좋은 시기나 쉬운 상황에서뿐만 아니라, 힘들고 불확실한 상황에서도 쉽게 떠올려 활용할 수 있도록 의도적으로 단순하게 만들었다. 옷에 불이 붙었을 때의 기본 행동 요령인 ‘멈추고, 엎드리고, 구르기’를 기억할 것이다. 우리에게는 스트레스가 큰 상황에서도 의지할 수 있는, 이처럼 단순한 실행이 필요하다. 단순함은 복잡함을 이겨 내는 해독제다.

리셋 실행의 세 단계는 다음과 같다.

- 1단계: 한 걸음 물러서기Step Back

- 2단계: 관점 전환하기 Get Perspective
- 3단계: 재정렬하기 Realign

다음 장들에서는 이 세 단계를 하나씩 더 깊이 있게 살펴보고, 이를 삶에 어떻게 적용할 수 있는지, 어떻게 리더십의 필수적인 부분으로 만들 수 있는지, 다른 리더들의 성장을 지원하기 위해 어떻게 활용할 수 있는지 등에 대해 알아볼 것이다.

리셋 모멘트는 비행기에서 뛰어내리는 것과 같은 중대한 결단이거나, 회의 중간에 5분간 휴식을 취하거나 열띤 토론 중에 말을 꺼내기 전 심호흡을 하는 것과 같은 사소한 순간일 수도 있다. 하지만 그 크기나 지속 시간에 상관없이 이러한 순간순간이 당신의 삶에 긍정적인 영향을 미칠 수 있다. 리셋 모멘트는 평범한 순간을 의미 있는 순간으로 바꿔 준다. 리셋 모멘트는 의식적인 선택의 지점, 즉 가장 중요한 것에 대해 다시 생각하고, 다시 연결하고, 다시 정렬할 수 있는 구조화된 공간이기 때문이다.

다음 그림(그림 1)에서 볼 수 있듯이, 이러한 역동적인 재평가는 끊임없이 진화하는 외부 환경에 맞춰 성장을 지속할 뿐만

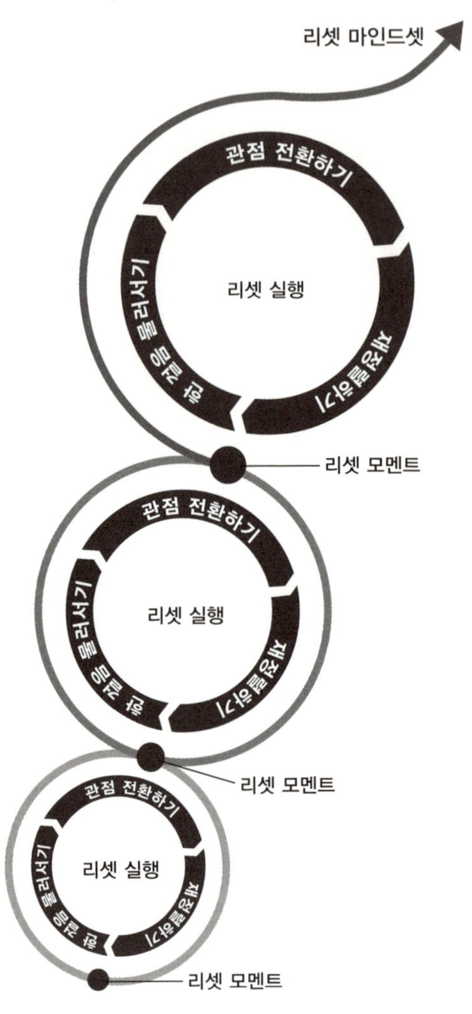

그림 1. 리셋 실행의 순환 구조: 리셋 모멘트가 반복되면서 인식과 관점, 행동이 끊임없이 재정렬된다. 이 순환은 변화하는 환경에 맞춰 성장을 지속한다.

아니라 최적화하도록 보장하는 중요한 피드백 순환 구조다.

분명한 것은 리셋 신호를 놓치면 아무런 변화가 일어나지 않는다는 점이다. 리셋 모멘트가 나타났을 때, 이를 직관적으로 인식하면 어떤 상황에서든 잠재력을 극대화하는 방법인 리셋 실행이 활성화된다. 충분히 반복적으로 연습하면 리셋 마인드셋을 구축할 수 있다.

나의 경우, 이제 리셋은 본능적인 기본 설정이 되었다. 리셋 마인드셋은 자아를 내려놓도록 도와준다. 또한 상황을 있는 그대로 바라볼 수 있는 감정적 균형을 만들어, 올바른 것에 집중하고 정보에 기반한 효과적인 결정을 과단성 있게 내릴 수 있도록 해 준다.

이 연습을 직접적으로 지원하는 몇 가지 도구가 있다. 익숙한 도구도 있고 생소한 도구도 있을 것이다. 어쨌든 이러한 도구에 대해 아는 것만으로는 충분치 않다는 점을 기억하라. 꾸준히 실행하는 게 중요하다.

"리셋 실행은 뇌를 재구성해
리셋 마인드셋을 창조한다."

리셋으로 만들어 가는 성장

내가 만나는 비즈니스 리더들은 모두 회사와 사업을 기하급수적으로 성장시키고 싶어 한다. 하지만 그 과정에서 길을 잃는 경우도 있다. 기업의 CEO나 〈포천Fortune〉 선정 500대 기업의 임원, 사업을 처음부터 키워 나가는 창업자, 재택근무로 일과 가정을 함께 책임지는 워킹맘이나 워킹대디, 그 누구든 마찬가지다.

조직에 리셋 마인드셋을 구축하면 비즈니스 구조를 효율화하고, 주요 문제를 파악하고, 운영 방식을 재평가하고, 핵심 기능을 점검하고, 더 이상 도움이 되지 않는 절차와 프로세스를 구분할 수 있게 된다. 또한 혁신, 최적화, 운영, 판매 등 어떤 부문에서든 리셋 마인드셋은 결정적인 경쟁 우위를 제공한다. 리셋 마인드셋은 성과 전략, 리더십 전략, 회복탄력성 전략이 균형 있게 결합된 것이기에 그렇다. 이 모든 것이 단순한 세 단계 실행을 통해 가능하다.

이 개념을 주로 비즈니스에 적용하게 되더라도 시간이 지나면 이 새로운 사고방식이 훨씬 더 많은 영역에 영향을 미친다는 것을 알게 될 것이다. 당신은 리더나 파트너, 부모,

친구, 동료 등 다양한 다른 역할도 수행하고 있다. 리셋의 실천은 단순한 리더십 전략 그 이상이다. 리셋은 내적 대화를 형성하고, 그것은 당신이 내리는 모든 결정과 모든 도전(업무적, 개인적)에 접근하는 방식에 영향을 미친다. 흔히 말하듯, '어떤 일을 어떻게 하느냐가 모든 일을 어떻게 하느냐를 결정하는 것'이다.

솔직하고 객관적인 자기 평가의 시간을 가져 보라. 당신은 팀과 조직의 역량을 강화하기 위해 이러한 사고방식을 제도화할 준비가 되었는가? 당신의 삶과 조직에서 성장과 발전을 촉진하고 가속화하는 표준을 만들고 싶은가? 언제 마지막으로 자신의 리더십과 현재 얻고 있는 성과를 정직하게 평가했는가?

우리는 모두 성공을 정의하고 가치에 부합하는 의미 있는 결과를 원한다. 그러나 그것은 마법처럼 단번에 찾아오지 않는다. 그런 변화는 리셋 모멘트를 쌓아 갈 때 이루어진다.

"리셋 모멘트는 우리에게
결정적인 경쟁 우위를 제공한다."

돌아갈 수는 없다

번아웃burnout, 조용한 퇴사quiet quitting, 변화 피로change fatigue 등 무엇이라 부르든, 우리는 모두 지쳐 있거나 산만하거나 비판적이거나 주저하고 있다. 통제력을 잃은 듯한 느낌도 받게 된다. 어쩌다 이렇게 되었을까?

시장은 끊임없이 변하고 사람들의 행동 방식도 하루가 다르게 바뀐다. 그 결과 소통은 갈수록 더 분산되고 불분명해진다. 정보는 넘쳐 나지만, 통찰은 드물고 우선순위는 모호하며 리더십은 혼란스럽다. 우리 모두는 중요한 일에 집중하고자 한다. 그러나 내가 설문조사와 개인 고객들을 통해 파악한 가장 큰 스트레스 요인은 우선순위가 서로 충돌하는 데서 비롯되었다. 모든 것을 긴급하고 중요하게 취급하면 당연히 그 어떤 것도 긴급하지 않게 된다. 보편적인 긴급성은 또 다른 주의 분산의 요인이 된다. 우선순위의 충돌은 스트레스의 핵심 원인으로 결국 우리를 과부하와 압도감에 빠지게 만든다.

이러한 명확성의 결여는 사람들로 하여금 압도당하고, 인정받지 못하는 느낌이 들게 하며, 리더들을 불신하게 만든다. 압박감이 가열되는 가운데 신뢰는 녹아내린다. 사람들이 몰입하지 않고 현실에 안주하며 냉담해지면 협력이 줄어들고 창의력이 떨어지며 생산성이 저하된다.

우리는 더 이상 기존의 방식 그대로는 사업을 운영할 수 없다. 설령 가능하다고 해도 그렇게 하고 싶은가? 그렇게 하면 정말 문제가 해결될까?

사실 이런 문제들은 새로운 것이 아니다. 불확실성이 일상이 된 시대에서는 환경 변화가 언제든 발생하고, 그로 인해 문제는 더욱 분명하게 드러나게 된다. 우리는 지금 개인과 조직 모두가 방향을 다시 점검해야 하는 리셋 모멘트의 한가운데에 있는 셈이다. 시장, 사람, 환경이 변화함에 따라 우리도 변해야 한다.

명확성이 지배하고 창의성이 번성하며 적응력이 자연스러운 일터를 목표로 한다면 변화에 대응하고 회복탄력성을 조직 문화의 근간으로 만들기 위한 새로운 전략이 필요하다. 더 나은 기술이나 더 효율적인 프로세스만으로는 한계가 있다. 미래의 성공을 이끄는 것은 끊임없이 변화하는 환경에 어떻게 적응하고, 팀의 역동성은 어떻게 재구성하며, 서로 어떻게 협력하느냐에 달려 있다.

리셋 마인드셋을 통해 업무와 인간관계를 바라보면 그 어떤 것도 예전과 같지 않을 것이다. 큰 변화나 도전, 불확실성의 시기에도 중심을 잡고 통제할 수 있다고 느낄 것이다. 또한 오랫동안 잠들어 있거나 잃을까 두려웠던 창의성과 열정을 되찾고, 어떤 상황에서도 집중력을 유지할 수 있게 될 것이다.

리셋 마인드셋은 금전적인 투자나 장시간의 훈련을 요구하지 않는다. 언제 어디서나 원하기만 하면 지속적으로 구축하고 강화할 수 있다.

어쩌면 당신은 이미 본능적으로 리셋 마인드셋을 이해하고 있으며, 때때로 어떤 형태로든 실행하고 있을지도 모른다. 하지만 아는 것과 하는 것 사이에는 간극이 있고, 가끔 하는 것과 꾸준히 하는 것 사이에도 간극이 있다.

이제 그 간극을 메워 보자.

"우리는 더 이상 이전과 같은 방식으로는
앞으로 나아갈 수 없다."

'왜'에서 '무엇'으로, 그리고 '어떻게'로

드렉셀 대학교 2학년 시절의 어느 날 밤, 수업을 마치고 집에 돌아온 나는 배도 고프고 긴장도 풀고 싶어서 피자를 주문했다. 몇 분 후 벨이 울렸는데, 피자 배달원 대신 오빠가 서 있었다. 나는 당황했다. 오빠는 차로 한 시간 떨어진 곳에 살고 있었다. '이 시간에 오빠가 왜……?'

오빠는 내가 상상할 수도 없는 최악의 말을 했다.

"페니, 사고가 나서…… 아빠가 돌아가셨어."

나는 창문이 흔들릴 정도로 비명을 내질렀다. 나는 흐느끼기 시작했고, 오빠는 나를 안고 무슨 일이 있었는지 말해 주었다. 쉰여덟 살의 아버지는 버스에 살짝 부딪히는 사고를 당했다. 앞으로 휘청거리다 넘어지면서 연석에 머리를 부딪혔다. 다른 각도로 넘어졌다면 그저 팔이나 다리가 부러졌을 테지만, 머리를 부딪히는 바람에 순식간에 뇌사 상태에 빠졌다. 나는 깊은 충격에 빠졌다. 더는 아무 생각도 할 수 없을 때까지 울었고, 완전히 멍해졌다. 사랑하는 사람이 그렇게 갑작스럽게 죽는다는 것은 상상도 못 한 일이었다. 인생의 모든 일을 우리가 계획하거나 선택할 수는 없다는 가혹한 현실을 처음으로 마주하게 되었다.

그 후 몇 주 사이에 나는 남자 친구에게 이별을 고했고, 본가로 돌아와 모든 사람과의 접촉을 차단했다. 왜 그랬을까? 나도 잘 모르겠다. 본능적인 반응이었다. 모든 것이 무너지는 것 같았고, 극단적인 행동을 하는 것만이 내가 통제할 수 있는 유일한 일이었다. 이후 나는 사람들 대부분이 극심한 스트레스나 압박감, 불확실성을 느낄 때면 과감한 행동을 취한다는 사실을 알게 되었다. 이러한 행동은 아무것도 통제할 수 없다고 느껴질 때 통제권을 되찾으려는 하나의 방식이다.

6개월 동안 나는 외로움과 자기 연민에 빠진 채 '왜?'라는 질문을 계속 던졌다. 하지만 답은 나오지 않았다. 충동적으로 한 학기 동안 교환학생으로 외국에 나갔다. 일상적인 환경에서 벗어나 새로운 관점을 찾고 새로운 시선으로 사물을 바라봐야겠다고 생각했다.

솔직히 말하면, 정말 힘들었다. 아는 사람도 없었고, 사실 누구와도 친해지고 싶지 않았다. 나는 절망적으로 외로웠고, 제자리를 찾지 못한다는 느낌이 들었다. 하지만 멀리 떠나야만 바로 눈앞에 있던 것을 발견할 수 있다. 일상적인 환경에서 벗어났을 때 무엇이 발목을 잡고 있는지 더 쉽게 보이기도 한다. 그렇게 그 거리감과 불편함은 제 역할을 했고, 결국 나는 하나의 깨달음에 이르렀다.

그 깨달음은 지적인 것도, 학문적인 것도 아니었다. 그저 인간적이고 본능적인 것이었다. 나는 더 이상 '왜?'라는 질문을 하지 않게 되었다. 분명히 그 질문에는 답이 없었고, 설령 있다고 해도 아버지가 살아 돌아오거나 상황이 바뀌지는 않을 터였다. 적절한 맥락에서 제기하는 '왜?'라는 질문은 더 큰 무언가로 연결되는 강력한 연결고리가 될 수 있다. 하지만 이 상황에서 그 질문을 던지는 것은 현실을 받아들이고 슬픔을 극복하는 데 방해가 되는 감정적 함정이 될 뿐이었다. '왜?'는 내가 쫓았지만, 끝내 잡을 수 없는 토끼인 셈이었다.

무언가가 바뀌었고, 나는 그 대신 훨씬 더 영향력 있는 질문을 던지기 시작했다. 바로 '이것은 무엇을 의미할까?'라는 질문이었다.

"리셋은 상황이 아니라
질문을 바꾸는 데서 시작된다."

질문을 바꾸면 의미가 달라진다

'이것은 무엇을 의미할까?'

이 질문은 우리가 삶의 모든 환경과 상황에서 수시로 던지는 무의식적인 질문이다. 그리고 의미를 부여하는 능력만큼 우리가 통제할 수 있는 강력한 힘은 없다.

이 질문을 의식의 영역으로 끌어들여 진정한 호기심의 정신을 적용하면 인생의 모든 경험의 의미를 우리가 통제할 수 있게 된다. 여기에는 무의미해 보이거나, 심지어 내 아버지의 죽음처럼 무작위적으로 보이는 경험까지 포함된다. 이것이 강력한 힘을 발휘하는 이유는 동일한 사건이나 상호작용이 사람에 따라 다른 의미로 해석될 수 있기 때문이다. 또 의미라는 개념과 의미를 추구하는 행위가 다층적이고 다양할 수 있으며, 문자 그대로일 수도 있고 은유적일 수도 있기 때문이다.

'왜?'라는 질문에서 '이것은 무엇을 의미할까?'라는 질문으로 관점을 전환한 것이, 내가 리셋 마인드셋의 힘을 처음으로 경험한 순간이었다. 그렇게 관점이 바뀌면서 나의 태도와 기대치, 우선순위에도 비슷한 변화가 일어나기 시작했다.

‘이것은 무엇을 의미할까?’라는 질문은 단순한 ‘탐구’ 도구가 아니었다. 물론 사물에는 객관적이고 내재적인 의미가 있을 수 있다. 하지만 이 질문을 던지면 관점을 바꾸어 바라보고 선택할 수 있는 기회가 열린다. 이 질문을 통해 나는 삶을 변화시키는 사건의 의미를 의식적으로 선택할 수 있게 되었다.

새롭게 발견한 이 의미 부여의 선택권은 리셋 마인드셋의 더 많은 면모를 드러냈다. 하나의 동일한 사건이 나와 당신에게 전혀 다른 의미를 줄 수 있을 뿐 아니라, 그 사건 하나에도 각자가 느끼기에 여러 의미가 담길 수 있다.

우리는 성찰과 재평가를 통해 하나의 사건에서 새로운 의미를 지속적으로 발견할 수 있으며, ‘이것은 무엇을 의미할까?’에서 ‘이것의 또 다른 의미는 무엇일까?’라는 질문으로 발전할 수 있다. 그리고 ‘또 다른 의미는?’이라는 질문은 얼마든지 계속될 수 있다.

왜 이 질문을 계속해서 던져야 할까? 첫 번째 답이 가장 강력한 답인 경우가 거의 없기 때문이다. 첫 번째 답은 자신의 자아나 두려움, 편견에 의해 미리 프로그래밍된 답일 수 있으며, 따라서 최선의 답이 아닐 수도 있다. 더 큰 호기심으로 더 깊이 파고들 때 우리는 새로운 관점을 얻게 된다.

이 질문은 더 많은 선택지를 열어 주었고, 그 결과 더 나은 선택을 할 수 있었다. 또한 의미를 부여할 수 있는 힘을 내게 주었다. 예를 들어, 교통 체증 속에서 다른 운전자가 끼어드는 것과 같은 흔한 상황을 생각해 보자. 물론 그 운전자가 무례하고 이기적인 인간일 수도 있다. 하지만 거기에 다른 의미가 있다면? 직장에 늦었거나 사랑하는 사람에게서 긴급한 전화를 받았을 수도 있다. 혹은 다른 도시에서 온 까닭에 이곳의 교통 흐름을 잘 모를 수도 있다. 아니면 방금 누군가에게 끼어들기를 당해 그 불의에 대한 감정적 반응을 보이는 중일 수도 있다.

수많은 잠재적 정답이 존재한다는 사실을 받아들이는 순간, 당신은 자유로워진다. 그리고 가장 강력한 의미를 가진 답을 자유롭게 선택할 수 있게 된다.

이것이 중요한 이유는 상황에 부여하는 의미가 곧 상황을 보고, 생각하고, 느끼는 방식이기 때문이다. 이는 상황과 상호작용하는 방식에 영향을 미치고, 궁극적으로 당신이 얻는 결과까지도 좌우한다.

'이것은 무엇을 의미할까?'라는 질문은 누군가에게 책임을 묻거나 비난에 빠져드는 것이 정답이 아니라는 것을 깨닫게 해 주었다. 그런 의미를 선택하면 분노가 더 커지고 슬픔은 더 길어질 뿐이었다. 나에게 옳은 답은 이 비극을 계기로 관계를 더욱 돈독히 하고, 더 큰 목표를 세우고, 최선을 다해 살아가는 것이었다. 치유의 과정을 거치면서 나는 자기 인식을 심화하고 자신감을 되찾았다.

인생은 힘들고, 타인을 믿어서는 안 되며, 위험은 감수하지 말고, 두려움에 휩싸여 과보호에 치중된 삶을 살라는 의미로 받아들일 수도 있었다. 하지만 나는 그 반대를 택했다. 나는 인생은 '바로 지금'이라는 의미를 선택했다. 내일 무슨 일이 일어날지 우리는 알 수 없다. 새로운 것을 시도하라. 기회를 잡아라. 탐험하라. 사랑하라. 용서하라. 이것이 내가 아버지의 죽음을 겪으며 얻은 가장 큰 선물이었을 것이다. 나는 어린 나이에 그렇게 의미 부여를 통해 나 자신에게 힘을 실어 주는 방법을 배웠다.

지금도 나는 중대한 선택을 해 나갈 수 있도록 꾸준히 스스로를 강화한다. 하지만 넘어지는 경우에는 '이것의 또 다른 의미는 무엇일까?'라는 질문의 힘을 적용하고, 나의 진정한 잠재력에 도달하도록 계속 나아갈 수 있게 해 주는 의미를 선택한다. 이 힘이 얼마나 기본적이고 단순한지 생각해 보라. 이것은 단순히 인과관계에 관한 것이 아니다. 우리는 사실 자체를 바꿀 수는 없지만, 그에 대한 해석과 연관성은 창조할 수 있다. 우리는 희생자의 길이 아니라 힘을 얻는 길을 선택할 수 있다. 아버지의 너무 이른 죽음이라는 극단적인 상황을 경험하면서 나는 우리가 주어진 시간을 통제할 수는 없지만, 무엇에 집중할지 선택하는 데는 전적인 통제권을 행사할 수 있다는 사실을 깨달았다.

"우리는 사실을 바꿀 수는 없지만
그 의미는 선택할 수 있다."

질문을 반복할수록 새로운 길이 열린다

'이것의 또 다른 의미는 무엇일까?'라는 이 간단한 질문은 조직 차원에서도 심오한 가치를 지닌다. 이 질문을 반복해서 던지는 것은 재평가와 조사, 도전을 기반으로 하는 리셋 마인드셋의 본질을 반영한다.

　나의 경우, 조직 차원의 리셋 마인드셋을 형성하는 데는 두 가지 큰 영향이 있었다.

　첫 번째는 팀 페리스Tim Ferriss의 첫 저서인 《나는 4시간만 일한다The 4-Hour Workweek》였다. 사실 책을 읽고 큰 감명을 받지는 못했다. 편법과 요령만 알려 주는 책처럼 보였을 뿐이었다. 당시 나는 기술업계에서 밤낮없이 일하고 있었고, 그의 아이디어는 불가능하거나 비현실적이라고 느낄 수밖에 없었다. 하지만 몇 년이 지난 뒤 나는 그의 사고방식에 담긴 깊은 의미를 이해하게 되었다. 팀 페리스는 번아웃으로 어려움을 겪던 끝에, 일주일에 4시간만 일하는 제약을 스스로 설정해 라이프스타일 중심 비즈니스(삶의 방식에 맞춰 설계한 비즈니스)를 만들어 냈다. 예전과 같은 방식으로는 사업을 운영할 수 없었기 때문에 일하는 방식을 혁신해야 했고, 그렇게 설정한 제약은 창의성을 발휘하는 촉매제가 되었다. 처음 책을 읽었을 때 나는 그가 '하는 일'에 집중했는데, 진짜 핵심은 그의 '사고방식'에 있었다.

　마침내 제약의 힘을 이해했을 때, 나는 '이것의 또 다른 의미는 무엇일까?'라는 질문을 '이 문제에 접근할 수 있는 다른 방법은 무엇일까?'라는 질문으로 전환했다. 즉 '다른 방법은 없을까?'로 확장해 활용하기 시작한 것이다. '다른 방법은 없을까?'라는 이 질문 역시 반복할수록 사고의 범위를 수평적으로 넓히며 새로운 가능성을 열어 준다.

몇 년 뒤, GfK(독일에 본사를 둔 글로벌 시장조사 및 소비자 데이터 분석 회사)에서 한 부문을 맡아 운영하고 있을 때, 김위찬과 르네 마보안Renée Mauborgne이 함께 쓴 《블루오션 전략Blue Ocean Strategy》을 접하게 되었다. 블루오션 전략은 창의적이고 혁신적인 아이디어를 발굴하기 위해 '다른 방법은 없을까?'라는 질문을 반복적으로 던지는 것이 핵심이다. 이 접근 방식은 전통적인 비즈니스 모델과 전략에 대해 끊임없이 의문을 제기하고 재고하도록 장려한다. 이렇게 대안적인 관점과 가능성을 끊임없이 탐구하다 보면 기존 질서에 도전하게 되고, 미개척 시장, 즉 '블루오션'을 발견하게 된다.

이러한 시장은 치열한 경쟁에서 자유롭기에 차별화된 가치 제안을 창출하고 새로운 수요를 포착할 수 있다. 다시 말해, 끊임없는 질문과 혁신을 통해 경쟁이 없는 새로운 시장 영역을 발견함으로써 경쟁이 치열한 '레드오션'에서 벗어나는 것이다.

지금까지 살펴본 각각의 개념에서 우리는 첫 번째 답에 안주하지 않고 더 깊이 파고들어 더 나은 질문을 던지는 것이, 적응하고 최적화하며 혁신할 수 있는 능력을 끌어내는 방법임을 알 수 있다.

이 질문들을 조직 전체 차원에서 도구로 채택하면 조직 문화를 재정의할 수 있게 된다. 책임을 전가하는 것에서 벗어나 서로 힘을 실어 주게 되고, 상황을 탓하기보다는 대응 방안과 기회를 함께 정의하는 방향으로 나아가게 된다. 이러한 관점의 전환은 조직 내 독성을 치유하는 강력한 해독제 역할을 하고, 협업과 회복탄력성, 진정한 유대감으로 가득 찬 문화를 만들어 낸다.

> "리셋 마인드셋은
> 재평가와 조사, 도전을
> 기반으로 한다."

줄다리기를 멈춰라

내 첫 번째 책 《생산성 영역The Productivity Zone》의 부제는 '시간과의 줄다리기를 멈춰라(Stop the Tug of War with Time)'였다. 여기서 '줄다리기'라는 말은 시간에 대한 요구와 실제로 사용할 수 있는 시간 사이의 긴장을 의미한다. 나는 이 말이 내가 처음에 상상했던 것보다 훨씬 더 폭넓은 영역에 적용된다는 사실을 깨달았다.

우리는 시간뿐만 아니라 건강, 인간관계, 재정, 심지어 가치관 및 원칙과도 줄다리기를 한다. '줄다리기'의 공식적인 정의는 '통제권을 갖기 위한 투쟁'이다. 깊은 고찰과 연구 끝에 나는 이 '통제권 다툼'이 결국 갈등과 스트레스의 가장 큰 원천이라는 결론에 이르렀다.

우리는 매일 화내고, 시간을 낭비하며, 주변의 모든 것과 모든 사람을 통제하려 애쓰는 데 모든 에너지를 소진한다. 2019년 세계보건기구WHO는 번아웃을 21세기의 직업 관련 증후군으로 분류했다. 2020년 미국심리학회APA의 조사에 따르면 이 문제는 점점 더 악화하고 있다. 우리의 몸과 마음은 누적되는 스트레스 요인들로 고통받고 있으며, 만성적인 '투쟁도피fight-or-flight' 반응에 빠져 있다. 2022년 딜로이트Deloitte 보고에 따르면 직장인의 77퍼센트가 번아웃 증상을 경험한 것으로 나타났다.

사람들은 무력감과 압도감을 느낄 때면 건강에 좋지 않거나 해로운 방법이라도 필요한 모든 수단을 동원해 통제권을 되찾으려 애쓴다. 우리 모두 인생의 어느 시점에서 이와 유사한 경험을 해 봤고, 그래서 이것이 사실이라는 것도 잘 알고 있다.

생리적으로나 생물학적으로, 통제 충동은 자기 보존을 위한 메커니즘이다. 이러한 욕구가 급증하면 우리 안에 이른바 '통제광control freak'이 만들어지기도 한다. 예컨대 지나치게 간섭하는 관리자나 사소한 것까지 트집 잡는 잔소리꾼, 늘 부정적으로 반응하는 회의론자 같은 유형 말이다. 하지만 진화론적으로 보면 통제 욕구는 궁극적으로 안정과 안락, 안심과 같은 인간의 본질적 욕구에서 비롯된 것이다.

전 세계적으로 시장 불안정, 불안감, 외로움, 우울증이 증가함에 따라 이러한 통제 욕구의 부정적인 측면이 더욱 악화하고 있다. 그 결과 '통제하느냐, 통제당하느냐'라는 제로섬zero-sum 사고방식에 빠지게 된다. 이러한 사고방식은 함정이다. 사실상 통제할 수 없는 것들에 집착하면 지치고 압도되어, 실제로 통제할 수 있는 것을 다룰 힘조차 남지 않게 된다. 그러다 자신의 힘과 주체성을 포기하게 되며, 결국 우리는 끝없는 줄다리기에 시달리게 된다.

그렇다면 이렇게 해 보는 건 어떨까? 바로 그 줄을 놓아 버리는 것이다. 아무리 노력해도 우리는 외부의 힘을 통제할 수 없다. 하지만 그 힘에 어떻게 대응할지는 우리가 통제할 수 있다.

베스트셀러 작가이자 상실과 슬픔 연구의 전문가인 브라이언 케슬러Brian Kessler는 '우리가 통제에 가장 가까이 다가서는 순간은 스스로 통제할 수 없다는 사실을 깨닫는 바로 그 순간'이라고 말한다. 언뜻 역설적으로 들릴지 모른다. 하지만 모든 것을 통제할 수는 없다는 사실을 인정하고, 통제할 수 없는 것들을 내려놓아야만 비로소 우리는 통제할 수 있는 것에 에너지와 노력을 집중할 수 있게 된다.

"통제에 대한 집착이야말로
갈등과 스트레스를 낳는
가장 큰 원인이다."

우리는 느끼는 존재다

그날 아침은 유난히 힘들었다. 아이들이 말을 듣지 않았다. 차에 태워 안전벨트를 매게 하는 데도 한참이 걸렸다. 교통은 엉망이었고, 나는 이미 지각한 상태였다. 어린이집으로 향하는 차 안에서 뒷좌석에 앉은 아들과 딸이 싸우기 시작했다. 나는 스트레스를 견디지 못해 아들에게 소리를 질렀다. 아들도 소리를 지르며 맞받아쳤고, 우리의 고함 소리는 점점 격해졌다. 아들을 내려주고 난 뒤, 나는 너무도 끔찍한 느낌이 들어 차를 세워야만 했다. 나 자신에게 물었다.

'방금 무슨 일이 있었던 거지? 도대체 내가 왜 그런 거지?'

그 상황에서 내가 보인 반응은, 엄마로서 보여 주고 싶었던 모습이 결코 아니었다. 나는 내 행동이 몹시 부끄러웠다.

그렇게 길가에 차를 멈춘 채 후회하다가 리셋 모멘트를 가졌다. 스트레스에 압도당해 자제력을 잃고 분노로 반응했다는 사실을 인정했다. 그리고 다음에라도 (아들이든 딸이든 동료든 혹은 실제로 마주치는 누구와라도) 비슷한 순간에 처하게 되면 더 나은 방식으로 자제력을 유지하고 엄마나 친구, 동료, 사람답게 처신하겠다고 다짐했다.

나는 선택할 수 있었다. 계속 자책하는 대신(종종 그랬지만), 스스로 인간이라는 사실을 상기했다. 당신도 마찬가지다. 이 것은 우리가 리더들에 대해서도 끊임없이 상기해야 하는 부 분이다.

모든 리더 역시 인간이기에 감정에 휘둘릴 수밖에 없다. 인간은 생각하는 존재이기 때문에 느끼는 것이 아니라, 느끼 는 존재이기 때문에 생각한다. 따라서 감정이 폭발했을 때 억누르려 애쓰기보다는 간단한 예방책을 선택해 감정 촉발 요인을 피하고 상황을 빠르게 진정시키는 편이 현명하다. 리 셋 모멘트를 빨리 인식할수록 비생산적인 충돌을 사전에 피 할 가능성이 커진다.

예를 들어, 아이들을 대할 때 나는 토머스 W. 펠런Thomas W. Phelan의 '1-2-3 매직' 기법이 효과적이라는 것을 알게 되었다. 만일 아이가 버릇없이 말대꾸하면 '하나!'라고 경고하는 방 법이다. 아이가 반복하면 '둘!', '셋!'과 같은 식으로 경고한다. 세 번째 경고에도 아이가 말을 듣지 않으면 '타임아웃'을 주 고 자녀가 스스로 진정할 수 있는 시간을 갖게 한다. 이렇게 상황에 대처하는 방식을 미리 정해 두면 갈등을 개인적인 공 격으로 받아들이지 않게 되어 불필요한 스트레스와 감정 소모를 크게 줄일 수 있다.

언쟁이 격해질 때 감정을 누그러뜨리는 방법도 있다. 포스터 클라인Foster Cline과 짐 페이Jim Fay가 쓴 《사랑과 논리로 아이 키우는 법Parenting with Love and Logic》에서 빌려 온 간단한 문구를 활용하는 방법이다. 내가 곧 후회할 말을 내뱉게 될 것 같다는 걸 느끼는 순간, 이렇게 말한다. '나는 너를 너무 사랑해서 싸우고 싶지 않아.' 이 말은 그 순간의 긴장을 누그러뜨리고, 나를 내 본래의 의도와 다시 연결하며, 줄다리기를 즉시 멈추게 해 준다.

마찬가지로, 직장에서도 나는 갈등이 커지거나 사각지대가 생기지 않도록 스스로에게 묻곤 한다.

'어떤 기대가 충족되지 않고 있는가?'

'내가 놓치고 있는 것은 무엇인가?'

이러한 질문을 통해 방어적으로 반응하기보다는 호기심을 발휘하라는 신호를 나 자신에게 보내는 것이다. 호기심을 가진 상태에 있을 때, 명확한 질문을 던질 수 있다. 기대에 대한 명확한 이해가 없다면 갈등은 필연적일 수밖에 없다. 기대에 어긋나는 것은 좌절을 유발하기 때문이다.

나는 또한 이렇게 말하곤 한다.

'개인적인 공격이 아니라, 성향 차이일 뿐이다.'

갈등은 대개 적대감이나 악의 때문이라기보다 상황에 대처하는 성격과 방식의 차이에서 비롯되는 경우가 훨씬 많기 때문이다.

당신이 실제로 어떤 말과 행동을 할지 미리 알 수 없기에 갈등에 대처하는 방법을 각본처럼 미리 만들 수는 없다. 갈등에 대처하는 당신의 방식은 나와 다를 수 있다. 핵심은 중요한 것이 무엇인지 상기시켜 주는 문구나 질문을 준비해 정신적, 감정적 상태를 재구성하는 것이다. 그렇게 하면 어떤 어려운 순간에도 효과적으로 대처할 수 있다.

부모 역할이든, 배우자와의 상호작용이든, 직장 동료를 마주하는 상황이든, 실행 방법은 동일하다. 리셋 실행은 상황을 개인적인 문제로 받아들이는 것에서 벗어나 감정을 차분히 정리하게 하며, 감정이 격해지는 순간에도 더 나은 결정을 내릴 수 있도록 돕는다.

"리셋 마인드셋을 구축하면
외부 요인에 대한 통제는 환상에 불과하다는 사실을
받아들이는 매커니즘을 익히게 된다."

복잡한 상황은 단순하게

나는 혼자 시작한 기술 회사를 4년간 운영하며 수백만 달러 규모의 기업으로 성장시켰다. 많은 사람이 나를 진정 성공한 사업가로 보았을지도 모른다.

그러나 진실은 가혹했다. 내 사업은 나를 죽이고 있었다. 나는 실로 엄청나게 열심히 일했다. 현명하게 일하는 것과는 거리가 멀었다.

나는 문제에 대해 생각할 시간(즉 리셋 모멘트)을 갖는 대신, 돈으로 해결하려 들었다. 물론 그것으로 문제가 해결되지는 않았다. 사실 그런 방식은 오히려 더 많은 시간과 비용만 쓰게 만들곤 했다.

나는 스스로 아무런 한계선을 두지 않았다. 역량이나 적합성과 상관없이 모든 기회에 '예스'라고 답했다. 그 결과 야간과 휴일, 주말까지도 일해야 했다. 머릿속에서는 늘 작은 목소리가 맴돌았다.

'페니, 몇 시간만 더 일하면 따라잡거나 다 끝낼 수 있어.'

현명하게 대응해야 했는데, 그 목소리를 잠재우고 싶어서 끔찍한 조언을 그냥 따르곤 했다. 스스로 만든 곤경에 대한 해결책도 없었고, 해결책을 생각해 낼 시간도 없었다.

설상가상으로 나는 세세한 부분까지 지나치게 집착하고 간섭하는 관리자, 즉 끔찍한 마이크로매니저^{micro manager}였다. 비즈니스가 너무 빠르게 성장하면서(그렇다. 좋은 문제다) 나는 통제력을 잃고 있다는 느낌이 들었고, 그래서 모든 것, 모든 사람을 통제하려 들었다. 심지어 다른 사람에게 업무를 위임했을 때조차도 어깨너머로 지켜보면서 수행 방법을 세세히 지시하거나, 아니면 그 업무를 다시 가져와 내가 직접 하곤 했다. 하지만 그렇게 업무를 다시 가져옴으로써 나는 '책임의 역설^{accountability paradox}'이라는 함정에 빠졌다. 내가 팀의 자율성을 빼앗은 까닭에 팀원들의 몰입도가 떨어졌고, 그만큼 업무에 대한 주인의식이 약해졌으며, 결과적으로 책임감도 줄어들었다.

이 모든 기능 장애가 누적된 결과는 무엇이었을까? 바로 번아웃이었다. 그래서 사업을 매각할 기회가 생겼을 때, 나는 주저 없이 받아들였다.

'저쪽 잔디가 틀림없이 더 푸를 거야.'

나는 이렇게 스스로 위안하며 이번 선택을 통해 모든 스트레스와 압박감에서 벗어날 수 있으리라고 생각했다.

그때 GfK 스위스의 이사회 의장이자 나의 새로운 상사(그리고 궁극적으로 소중한 멘토)가 되는 피터를 만났다. 나는 생각했다. '바로 이거야!' 이곳은 내가 꿈꾸던 '나인 투 파이브nine to five' 직장이었다. 자금이 넉넉하고 자원이 풍부한 대기업. 이제 나의 모든 문제가 사라질 것만 같았다.

피터의 까다로운 면접을 거쳐 나는 세계 최대 마케팅 기업 자회사의 최고기술책임자CTO로 채용되었다. 피터의 아주 안락한 사무실에 앉아 면접을 보는 동안, 나는 대기업의 방대한 자원과 지원 시스템을 활용하는 업무가 어떨지 상상해 보았다. 더 이상 빠듯한 예산과 24시간 근무, 한정된 인력 등에 시달릴 필요가 없을 터였다. 빨리 일을 시작하고 싶었다.

하지만 출근 첫 주에 피터는 자회사의 실적이 저조하다며 내게 특별 태스크포스에 참여해 회사를 재편해 달라고 요청했다. 그러고는 4개국 5개 그룹사를 거느린 지주회사의 CEO 자리를 제안했다. 이건 내가 원했던 일이 결코 아니었다.

스위스의 외딴 도시 장크트갈렌에서 맡게 된 새로운 역할의 막중함으로 인해, 일을 시작하기도 전에 내가 자격 없는 가짜인 것 같은 기분이 들었다. 내가 상상했던 여유로운 여정이 아니었다. '페니, 넌 이런 일을 맡을 만한 경험이 없어.

여기 언어도 모르잖아. 이 일을 해낼 수 없을 거야.' 이런 생각들로 기대감은 급격히 사그라들었고, 자신감은 바닥으로 떨어졌다.

설상가상으로 구조조정 때문에 출근 첫날에 직원 40명을 해고해야 했다. 전 직원 앞에 서서 그 참담한 소식을 전하는 동안, 속이 울렁거리며 불안하고 압도당하는 기분이었다.

연설을 시작하면서 나는 독일어로 말문을 열었다. 무언가 재치 있는 말로 언어적 격차를 메우고 영어로 넘어가려는 의도였다. 원래는 '제 독일어가 좀 녹슬었네요(Mein Deutsch ist Hartzig)'라고 말하려고 했는데, 실수로 'Mein Deutsch ist Hertzig'라고 말해 버렸다. '제 독일어는 귀여워요'라는 뜻이었다. 과거에 서베를린을 방문한 존 F. 케네디John F. Kennedy가 '저는 베를린 사람입니다(Ich bin Berliner)'라고 말하려다가 'Ich bin ein Berliner'라고 해서 '저는 젤리 도넛입니다'가 되어 버린 일화가 혹시 떠오른다면, 맞다. 그와 흡사한 실수였다.

내 실수는 전파를 타진 않았지만, 그래도 몹시 수치스러웠다. 서툰 독일어 실력으로도 직원들이 수군대는 소리는 알아들을 수 있었다. "독일어도 못하는 사람이 어떻게 회사를 이끈다는 거지?" 나는 그 자리에서 결심했다. 이날이 내가 사무실에서 영어를 쓰는 마지막 날이 되게 하겠다고. 그 이후부터 나는 오직 독일어만 사용했다.

처음 몇 달은 혼돈 그 자체였다. 조직과 프로세스, 사람들을 파악하느라 정신이 없었다. 하지만 아무리 애써도 깊은 수렁으로 빠져드는 것만 같았다. 불 하나를 끄면 또 다른 불이 타올랐다. 중요한 프로젝트가 연달아 진행되다 보니 허겁지겁 쫓아가는 상황만 펼쳐졌다.

"페니, 인도에 있는 우리 소프트웨어 회사가 곧 중요한 새 버전을 출시할 예정인데, 테스트가 제대로 안 되고 있어요. 어떻게 해야 할까요?"

"페니, 오스트리아 그룹에 새 CEO가 필요해요. 누구를 뽑아야 할까요?"

"페니, 공급업체 한 곳의 납품이 늦어지고 있는데, 고객한테는 뭐라고 하죠?"

페니, 여기요. 페니, 저기요. 페니. 페니. 페니.

그러던 중 아주 중요한 30페이지 분량의 고객 계약서를 받았다. 독일어로 된 계약서였는데, 검토할 시간은 24시간도 남지 않은 상태였다. 그 계약에는 상당한 위험 요소가 담겨 있었다.

‘우리가 제대로 이행할 수 있을까?’

‘평판에 타격을 입는 건 아닐까?’

‘다른 공급업체들은 우리가 통제할 수도 없지 않은가!’

‘아예 계약하지 않을 선택지는 있는 걸까?’

나는 한계에 도달하고 말았다. 피터와 미팅을 잡았다. 그의 사무실로 들어섰다. 얼마 전 완벽한 새 직장에 대한 꿈을 꾸었던 바로 그곳이었다. 피터를 실망시키고 싶지 않았지만, 더는 계속할 수 없었다.

심장이 두근거렸다. 나는 심호흡을 했다.

“그만두겠습니다.”

목소리가 떨렸다.

나는 초조한 목소리로 그동안 겪은 시련과 고난을 설명했다. 피터는 침묵을 지켰다. 그의 침묵이 긴장을 고조했지만, 나는 말을 이어 갔다.

“이렇게 많은 직원을 직접적으로든 간접적으로든 관리해 본 적이 없어요. 회사를 다시 일으켜 세우는 것은 말할 것도 없고요. 지난 4년간 하루도 못 쉬고 일하다가 이제 한숨 돌리나 했는데…… 이건 제가 기대했던 일이 아니에요.”

침묵. 아무 말도, 단 한마디도 없었다.

피터는 루체른 호수가 내려다보이는 커다란 참나무 책상 뒤에 앉아, 내가 쏟아 내는 모든 이야기를 조용히 다 들었다. 긴 침묵이 흐른 후, 마침내 그가 말했다.

"지금 당신이 압도당하는 느낌이라는 건 이해해요. 채용 과정과 태스크포스 평가 시기에 나는 당신을 유심히 지켜봤어요. 당신이 목적의식을 갖고 프로세스에 임하는 방식, 중요한 것에 집중하는 태도, 문제를 파악하고 해결하는 능력을 다 보았지요. 나는 당신이 이 역할에 적임자라고 확신합니다. 페니, 난 결정을 내리라고 당신을 고용한 겁니다. 나머지 시간을 어떻게 쓸지는 당신의 자유예요."

나머지 시간을 어떻게 쓸지는 내 자유라고?

처음에는 이 지나치게 단순한 말이 답답하게 느껴졌다. 피터가 나에게 무엇을 어떻게 해야 하는지 말하지 않은 부분도 마찬가지였다. 하지만 곱씹어 생각할수록 피터의 말이 옳다는 것을 깨달았다. 피터가 나를 정리해고와 언어 장벽, 고위험 계약 등과 같은 깊은 수렁에 던져 넣은 것은 바로 나의 강력한 의사 결정 능력을 믿었기 때문이었다.

수년 동안 내 사업의 모든 측면을 직접 관리했던 내가 통제권을 내려놓는다는 것은 크나큰 도전이었다. 그 정도 수준의 세부 사항에 계속 관여하면서 내 역할의 더 큰 목표에 집중하는 것은 사실상 불가능했다. 다른 사람들이 자신의 책무를 온전히 수행할 수 있도록, 나 역시 내 책무를 온전히 감당하기 위해서는 내려놓아야 했다.

또한 피터는 나에게 무엇을 해야 하는지 지시하는 것은 내 리더십을 강화하지도, 문제에 대한 '주인의식'을 심어 주지도 못한다는 것을 잘 알고 있었다. 그의 그런 반응 덕분에 나는 한 걸음 물러서서 스스로 생각하게 되었고, 목표와 다시 연결되도록 했으며, 적절한 책무에 다시 집중할 수 있는 최선의 방법을 스스로 결정하게 되었다.

그렇게 피터는 내게 가르쳐 주었다. 사람에게 필요한 것은 자원이 아니라 문제 해결 능력이라는 사실을.

"우리에게 필요한 것은
자원이 아니라
문제 해결 능력이다."

관점 전환이 만든 성과

다시 정리해 보자.

새로운 직책으로 전환하거나 우선순위의 충돌로 많은 스트레스를 받는 사람들이 대개 그렇듯, 나도 집중력을 잃고 있었다. 나는 '결정' 대신 '실행'에 더 많은 시간을 쏟아부으면 '출력'을 더 증가시킬 수 있으리라고 생각했다. 더 많은 시간을 투자하면 성과도 그만큼 커질 것으로 판단한 것이다. 이것은 유혹적인 착각에 불과했다. 그저 잘못된 아이디어에 불과하다는 의미다. 생산성은 투입되는 시간이 아니라 성과로 이어지는 속도에 의해 결정된다.

간단한 인용구나 문장이 우리의 전체 관점을 바꿀 수 있다는 것은 말도 안 되는 일처럼 보일 수 있지만, 실제로 충분히 가능한 일이다. 그 단순함이 우리에게 명확성을 부여하고 오래 기억하게 만들 수 있다. 나는 피터의 말을 더 깊이 되새겼다. 내 책무는 변하지 않았다. 내 상황도 바뀌지 않았다. 하지만 관점이 변하자, 나의 반응이 감정적으로도 지적으로도 완전히 달라졌다.

나는 그만두지 않았다. 이제 내 상황을 다르게 바라보았고, 다르게 접근할 수 있었다. 그리고 나는 더 성장했다.

피터의 조언은 오늘날 나의 리셋 마인드셋에 확고히 자리 잡았다.

"생산성은 투입되는 시간이 아니라
성과로 이어지는 속도로 결정된다."

집중력을 장악하라

집중력을 장악하는 일은 직장 업무에만 국한되지 않는다. 오늘날 현대적 삶의 거의 모든 측면이 산만함의 공격을 받는다. 리셋 마인드셋을 구축하고 유지하는 것은 집중력을 '장악'하는 데 도움이 된다.

오늘날, 집중은 일상이 아니라 예외가 되어 버렸다. 우리는 매일 3,000번 넘게 휴대폰 화면을 밀어 넘기고, 스크롤하고, 누르고, 터치한다. 문자, 소셜 미디어 게시물, 이메일 등의 알림으로 휴대폰이 울릴 때, 우리의 평균 응답 시간은 90초다.[*]

당신은 하루에 얼마나 많은 알림을 받는가? 지속적으로 변하는 시장이라는 큰 그림은 차치하고라도, 이렇게 끊임없이 달려드는 방해 속에서 과연 어떻게 집중할 수 있을까?

게다가 모든 하찮은 알림에도 즉시 응답하려는 우리의 강박적인 욕구로 인해 거짓된 긴급성과 불가능한 기대가 넘쳐나는 환경이 조성되었다.

노드VPN^{NordVPN}(인터넷 보안과 프라이버시 보호를 위한 가상 사설망 서비스를 제공하는 글로벌 기업)의 조사에 따르면 오늘날 성인의 3분의 2가 화장실에서도 휴대폰을 사용한다고 한다. 생산성 도구로 시작된 휴대폰이 이제는 '대량 주의 분산 무기'로 변질된 셈이다(솔직히 말하자면 나 역시 사랑하는 알린 이모의 장례식 도중에 휴대폰을 집어 들고 싶은, 거의 통제할 수 없는 충동을 느낀 적이 있다. 대체 무엇이 그다지도 중요했단 말인가?).

주의 산만은 설탕과 같다. 주의가 산만해질수록 더 많은 산만함을 원하게 되고, 말 그대로 중독 상태에 이르게 된다. 이것은 단순한 이론이 아니다. 실제적인 화학적 반응이다.

---

* Worldwide Texting Statistics, https://shso.vermont.gov/sites/ghsp/files/documents/Worldwide%20Texting%20Statistics.pdf.

오늘날 수많은 유형의 산만함이 뇌의 보상 중추를 자극해 도파민을 분비시키는데, 이는 마약 중독과 유사한 작용이다. 주의가 산만해질수록 우리는 통제 불능 상태에 빠지고, 그만큼 집중력을 잃게 된다.

주의 산만과 같은 교묘한 문제에도 간단한 해결책이 있다. 내가 무슨 말을 하려는지 이미 알고 있을 것이다. 맞다. 바로 리셋 마인드셋이다. 리셋 모멘트는 명상처럼 중심을 잡아주는 전략으로 작동해, 우리의 주의를 현재에, 그리고 가장 중요한 것에 되돌려 놓으며 더 높은 목표와 다시 연결해 준다. 리셋 실행은 방해 요소에 미리 대비하고 차단하도록 돕는다.

리셋 모멘트는 어떤 상황에서도 인식과 객관성, 적응력을 유지할 수 있게 해 준다. 모든 일이 그렇듯 숙달에는 반복이 필요하다. 리셋 모멘트를 충분히 반복하면 의식적으로 애쓰지 않고도 본능적으로 더 많은 리셋 모멘트를 만들어 내고 실행하게 될 것이다. 그것이 바로 우리의 뇌가 작동하는 방식이기 때문이다.

뇌간에 있는 신경망인 망상활성계RAS의 놀라운 기능을 살펴보자. RAS는 각성, 의식, 동기를 조절한다. 기본적으로 필터 역할을 한다. 매 순간 뇌에 가해지는 자극과 감각 입력의

양은 압도적이다. 감각과 뇌 사이에 위치한 RAS는 중요한 것과 무시해도 되는 것을 걸러내어 뇌에 과부하가 걸리지 않도록 보호한다. 다시 말해서 뇌는 왜곡과 차단, 일반화를 통해 엄청난 양의 정보를 의도적으로 무시한다. 그렇지 않으면 뇌가 제대로 기능할 수 없기 때문이다. RAS는 필수적인 정보는 받아들이고 불필요한 정보는 차단한다. 마치 뇌 앞에서 입장을 통제하는 경비원과 같다.

우리는 뇌에 이미 내장된 기능을 활용함으로써 뇌를 '해킹'할 수 있다. 어린 시절 처음으로 신발 끈을 묶으려고 했던 때를 생각해 보라. 모든 집중력을 쏟아야 했다. 자동차 운전을 배울 때도 마찬가지다. 처음에는 긴장되지만, 충분히 시간이 흐르고 나면 운전은 제2의 천성이 된다. 뇌가 훈련되었기 때문이다. RAS는 무엇을 허용하고 무엇을 차단해야 하는지 알고 있다.

이것은 단순한 인식 수준에서도 마찬가지로 작동한다. 새 차나 혹은 새 신발을 샀을 때를 떠올려 보라. 그때부터 갑자기 어디서나 그 색상이나 브랜드 또는 스타일이 눈에 들어오기 시작한다. 그 회사들이 갑자기 그런 자동차나 신발을 더 많이 생산하거나 판매하기 시작해서가 아니다. 단지 그러한 정보를 받아들이도록 당신의 RAS가 설정된 까닭에 해당 정보를 통과시키는 것이다. 리셋 모멘트도 마찬가지다. 반복적으로 리셋 모멘트를 실천하다 보면 어느 순간부터는 자동적으로 갖게 된다.

"리셋 모멘트는 산만해진 주의력을
가장 중요한 것에 다시 연결해 준다."

리셋 모멘트와 실행의 세 단계

리셋 마인드셋의 이점을 자세히 살펴보기 전에, 그 구성 요소를 다시 한번 짚어 보자.

리셋 모멘트는 자신의 행동을 가치, 목표에 맞추기 위해 의도적으로 멈추는 순간이다. 다시 생각하고, 다시 연결하고, 활력을 되찾고, 우선순위를 다시 정할 수 있는 기회다.

리셋 실행은 각 리셋 모멘트에서 보물을 캐기 위한 간단한 세 단계 과정이다.

- 1단계: 한 걸음 물러서기
- 2단계: 관점 전환하기
- 3단계: 재정렬하기

이를 꾸준히 실행해서 얻는 효과적인 결과가 바로 리셋 마인드셋이다. 이 기본적인 마음가짐은 문제를 해결할 때 집중력을 유지하게 하고, 어려운 상황에 대처할 때 중심을 잡게 하며, 중요한 목표를 추구할 때 혁신에 개방적인 태도를 유지하게 한다.

"리셋 모멘트는 자신의 행동을
가치, 목표에 맞추기 위해
의도적으로 멈추는 순간이다."

리셋 마인드셋의 가치

리셋 모멘트를 의식적으로 취하고 만드는 연습은 우리의 정신적, 정서적 안녕에 매우 귀중하다. 리셋 모멘트를 통해 우리는 비즈니스의 압박감과 복잡성에서 한 걸음 물러설 수 있고, 사람과 지표를 더욱 효과적으로 관리할 수 있으며, 더 큰 그림에 집중할 수 있다.

좀 더 구체적으로 말하자면, 리셋 마인드셋은 본질적으로 다음과 같은 가치를 제공한다.

- 변화에 대해 다르게 생각하기
- 시간을 최대한 효과적으로 활용하기
- 고착 상태에서 벗어나기
- 목표에 더 빠르게 도달하기
- 올바른 사안에 집중하기

"성과를 가르는 것은
리셋 마인드셋에 달려 있다."

변화에 대해 다르게 생각하기

변화는 끊임없이 생겨난다. 변화에 저항하는 것은 부질없는 일이다. 하지만 변화를 헤쳐 나가는 방법은 얼마든지 배울 수 있다. 피할 수 없는 변화를 두려워하지 않는다면 그 안에서 기회와 성장을 발견할 수 있다.

변화가 찾아올 때마다 버티고 맞서다 보면 자기 자신에게 이런 질문을 던지게 될 것이다. 내가 따라잡을 수 있을까? 뒤처지지는 않을까? 통제력을 잃지는 않을까?

하지만 변화를 리셋 모멘트로 재구성해 본다면 어떨까? 외면하거나 회피하는 대신, 한 걸음 물러서서 상황을 바라보고 새로운 현실에 맞춰 재정렬한다면? 그 순간 변화는 재탄생과 성장, 변혁의 기회가 된다. 변화가 마치 보물 상자처럼 열리고, 그 안에는 혁신이나 값진 교훈, 새로운 방법론 또는 실행 가능한 시장 통찰이 담겨 있을 것이다.

더 중요한 것은 변화를 삶과 일의 자연스럽고 필수적인 부분으로 받아들이면 변화에 흔히 따라오는 압도감이나 통제력 상실감 등의 감정이 사라진다는 사실이다. 불확실성이나 예측 불가능한 상황에서도 편안해지고, 어느 순간 변화를 기다리게 되거나 심지어는 변화를 주도하기 시작하며, 바로 그때 가장 큰 성과가 일어나게 된다.

리셋 마인드셋으로 변화를 바라보면 보다 긍정적이고 주

도적인 리더가 될 수 있다. 이 새로운 관점은 팀원들에게도 본보기가 되어 같은 방식으로 행동하도록 이끌 것이다.

"변화를 리셋 모멘트로 바라보는 순간
그것은 기회가 된다."

시간을 최대한 효과적으로 활용하기

시간은 저장할 수 없고, 앞당겨 사용할 수도 없다. 과거는 이미 사라졌고, 미래는 아직 오지 않았다. 우리에게는 오직 현재만 존재할 뿐이다.

하지만 우리는 과거에 대한 후회나 미래에 대한 걱정으로 끊임없이 현재를 낭비한다. 또는 최악의 경우, 그냥 자동 조종 모드로 안일함에 빠져 소중한 현재를 아무런 의미 없이 보내기도 한다.

미국의 대학농구 감독인 짐 발바노 Jim Valvano는 자신의 회고록 《발바노: 그들은 나에게 종신 계약을 체결해 주었고, 그러고는 내가 죽었다고 선언했다 Valvano: They Gave Me a Lifetime Contract, and

Then They Declared Me Dead》에 다음과 같이 썼다.

'하루에는 86,400초가 있다. 그것을 어떻게 쓸지는 당신이 결정할 일이다.'

시간은 한번 소비하면 영원히 사라진다. 만약 그 초들을 화폐처럼 생각한다면 당신은 그 가치를 다르게 바라게 되지 않을까? 그리고 그것을 어떻게 투자할지 다르게 결정하지 않을까?

빌 게이츠Bill Gates, 워런 버핏Warren Buffet, 인드라 누이Indra Nooyi, 아리아나 허핑턴Arianna Huffington 같은 사람들은 성공의 비결 중 하나로 사고와 숙고, 자기성찰을 위한 시간을 구조화하는 것을 꼽는다.

언뜻 보기에 역설적으로 느껴질 수 있다. 그러나 리셋 모멘트를 의식적으로 취하고 만드는 연습은 시간을 낭비하는 일이 아니라, 시간에 대한 투자다. 이러한 성찰의 시간을 확보하면 집중력이 향상되어 장기적으로는 모든 일에서 속도와 효율성을 높일 수 있다.

시간을 창출하는 가장 좋은 방법 중 하나는 시간을 투자하는 것이다. 어떤 활동이나 프로젝트든 스모어s'more(크래커 두 장 사이에 초콜릿과 구운 마시멜로를 넣어 샌드위치처럼 먹는 달콤한

간식_옮긴이)에 비유해 보자. 끈적한 초콜릿과 마시멜로를 감싸는 두 장의 통밀 크래커는 각각 '준비'와 '사후 점검(성찰)'을 뜻한다. 우리는 산만하고 긴박하게 사느라 너무도 빈번히 사후 점검 과정을 생략해 버린다. 윗부분 크래커가 없는 스모어만큼 너저분해 보이는 것은 별로 없다.

계획과 준비가 가치 있는 투자이듯, 사후 점검 역시 필수적이다. 명확하게 정의된 공간에서 우리는 무엇이 효과가 있었고, 무엇이 효과가 없었는지, 그리고 무엇을 개선할 수 있는지 분석할 수 있다(모든 것이 잘 진행되었더라도 마찬가지다). 사후 점검은 우리의 집중력을 예리하게 다듬어 준다. 이 순간은 다음 도전이나 단계에 적용할 수 있는 교훈과 배움이 넘쳐나는 풍요로운 시간이 된다.

이 단순한 성찰의 행위, 즉 리셋 모멘트는 처음에는 사치처럼 느껴질 수 있지만, 실제로는 효율성과 효과성을 증폭시키는 수단이다. 사후 점검은 들인 시간보다 훨씬 더 많은 시간을 절약해 준다. 이것은 거듭 반복할수록 더 큰 성과를 안겨 주는 투자다.

우리에게는 하루에 86,400초가 주어진다. 그 시간을 어떻게 쓰고 있는가? 그 시간을 전략적으로 배분하면(예를 들어 사

후 점검을 반드시 포함하는 식으로) 시간은 그저 흘러가는 게 아
니라 도구로 바뀐다.

고착 상태에서 벗어나기

매너리즘에 빠졌다고 느낀 적이 있는가? 혹은 팀의 성과
가 정체된 적이 있는가?

물론 누구나 한 번쯤은 경험해 본 일일 것이다. 우리는 모
두, 신에게서 형벌을 받아 언덕 위로 바위를 밀어 올리지만
다시 굴러떨어져 결코 진전을 이루지 못하는, 그리스 신화의
시시포스처럼 느껴질 때가 있다. 단순히 체크리스트를 확인
하고, 무의미한 회의에 참석하며, 까다로운 사람들을 상대하
는 단조로운 일상에서 사람들은 점점 단절되고 무기력함을
느끼게 된다.

정체와 침체는 조직과 리더, 구성원 모두에게 심각한 문제가 된다. 하지만 더 큰 문제는 우리가 정체되어 있다는 사실조차 깨닫지 못하는 경우다. 이런 상황은 일과 삶을 마치 몽유병 환자처럼 보내는 것과 같다. 일을 진행하고 있더라도 진정한 의미의 성과는 이루어지지 않으며, 삶의 경험은 즐거움이 아닌 의무가 된다.

나의 멘토인 피터는 사람들의 고착 상태를 풀어 주는 데 탁월했다. 나는 좌절과 스트레스, 막막함을 안고 그의 사무실에 들어갔다가 새로워진 기분으로 집중력을 되찾고 동기가 부여된 상태로 나오곤 했다. 나는 그의 비결을 알고 싶었다. 그래서 어느 날 그에게 물었다.

"어떻게 알고 제게 동기를 부여하는 버튼을 정확히 누르시는 거죠?"

그는 자신 있게 대답했다.

"나는 몰라요. 당신에게 동기를 부여할 수 있는 사람은 오직 당신뿐이에요."

그 말은 내게 전혀 새로운 개념이 아니었다. 하지만 그가 이어서 덧붙인 한마디에 깊은 깨달음이 일었다.

"리더로서 내 역할은 당신의 동기를 방해하는 장애물을 제거하는 것입니다."

그 말을 듣자 머릿속에 번쩍 불이 켜졌고, 집중에 관한 더 넓은 진리를 이해하게 되었다. 피터는 가장 중요한 사안에 집중하는 것이 우선이지만, 그와 동시에 집중을 방해하는 요소도 파악해야 한다는 사실을 일깨워 주었다. 숲 전체를 바라봐야 할 때가 있다면, 특정한 나무를 정확히 짚어야 할 때도 있는 법이다.

그 무렵 나는 엘리 골드렛Eli Goldratt의 비즈니스 소설 《더 골The Goal》을 읽었다. 골드렛은 이 책에서 목표 달성을 가로막는 요인이나 병목 현상을 파악하는 방법론인 '제약 이론Theory of Constraints, TOC'을 설명한다. 나는 이 이론의 간결하면서도 강력한 힘과, 피터가 지닌 리더십 철학과의 유사성에 깊은 인상을 받았다.

그 이후로 나는 병목 현상을 파악하고 제거하는 일을 리더십과 코칭 과정의 일부로 삼고 있다. 불필요한 요소를 걷어 내면 집중해야 할 부분의 핵심에 도달할 수 있게 된다.

다음 네 가지 질문을 스스로에게 또는 팀원들에게 던지고 솔직하게 답하는 시간을 가져 보자. 속도를 늦추는 병목 현상을 제거하는 길이 열릴 것이다.

첫째, 가장 큰 방해 요소는 무엇인가?
둘째, 가장 많은 시간을 차지하는 것은 무엇인가?
셋째, 가장 많은 시간을 낭비하게 하는 것은 무엇인가?
넷째, 가장 많은 스트레스를 유발하는 것은 무엇인가?

그리고 중요한 한 가지를 덧붙이자면, 리셋 마인드셋을 구축하면 당신과 팀의 발목을 잡는 장애물과 여타의 방해 요인도 찾을 수 있다.

기억하자. 중요한 것은 언제나 모든 답을 알고 있는 것이 아니라, 상황에 맞는 올바른 질문을 찾아내는 것이다. 피터가 강조했듯이, 핵심은 바로 '올바른 의사 결정을 내리는 것'이다.

"앞으로 나아가려면
방해 요인을 제거해야 한다."

목표에 더 빠르게 도달하기

막힌 상황에서 벗어난다는 것은 목표에 더 빨리 도달할 수 있다는 뜻이다. 늪은 애써 헤쳐 나가기보다 그냥 둘러 가는 편이 낫다. 거리는 늘어나겠지만, 시간은 훨씬 적게 걸릴 것이다.

폴 오닐 Paul O'Neill 은 1987년 알코아 Alcoa(미국의 글로벌 알루미늄 제조 기업)의 CEO가 되었다. 알코아의 투자자들을 대상으로 한 그의 첫 연설은 이제 전설로 통한다. 하지만 당시에는 재앙처럼 여겨졌다.

"근로자 안전에 대해 여러분께 말씀드리고 싶습니다."

그는 월스트리트 투자자들을 향해 이렇게 운을 뗐다. 기대에 부풀었던 장내 분위기가 순식간에 사그라들었다. 불편한 고요 속에서 오닐은 말을 이었다.

"매년 많은 알코아 직원들이 심각한 부상을 당해 적정 근무 일수를 채우지 못하고 있습니다. 사실 우리 회사의 안전 기록은 전반적인 미국 노동자 평균보다 나은 편입니다. 특히 우리 직원들이 섭씨 815도에 달하는 금속과 사람의 팔을 절단할 수도 있는 기계를 다루고 있다는 점을 고려하면 훌륭한 기록이라 할 수 있습니다. 하지만 이것으로는 충분하지 않습니다. 저는 알코아를 미국에서 가장 안전한 회사로 만들려고 합니다. 산업재해 제로를 목표로 할 것입니다."

사람들은 말문이 막힌 채 가만히 앉아 있었다. 몇몇 노련한 투자자와 경제 전문 기자들이 월스트리트 미팅다운 분위기로 되돌리려는 듯 자본 비율과 재고 수준에 대해 질문했다. 하지만 오닐은 관심을 보이지 않았다. 대신 그는 이렇게 답했다.

"제 말을 제대로 들으신 건지 모르겠습니다. 알코아의 현황을 이해하고 싶으시다면, 우리 작업장의 안전 지표를 보셔야 합니다."

모두가 고개를 갸웃거리며 자리를 떴다. 투자자들은 앞다투어 알코아 주식 매도 주문을 냈고, 기자들은 오닐이 미친 건 아닐까 하고 의심했다.

하지만 알코아의 직원들은 그 충격적인 메시지를 훨씬 긍정적으로 받아들였다. 주주 수익률보다 직원들의 안전을 우선시한다고? 직원들의 사기와 집중력에 미치는 영향을 짐작해 보라.

무재해 작업장을 표방하기로 한 오닐의 결정은 회사 전체 차원의 중요한 리셋 모멘트였다. 조직의 모든 직급에 있는 모든 사람이 이 목표를 중심으로 재정렬할 수 있었다. 그들은 속도를 늦추고, 제조 공정에 더 많은 주의를 기울이며, 개인적·집단적 성찰을 지속할 수 있는 공간을 만들어야 했다. 안전 관련 문제가 발견될 때마다 리셋 모멘트를 가졌다. 가정이 도전받을 때마다, '늘 해 왔던 방식'이 면밀히 검토될 때마다 리셋 모멘트가 이루어졌다.

당연히 회사 전체에 완전히 새로운 마인드셋이 구축되었다. 모두의 예상과 달리 생산과 공정, 생산성이 훨씬 빠르게 개선되었다. 작업자 안전에 집중한 결과는 혁신으로 이어졌고, 더 효과적인 가치 체계와 더 강력한 조직 문화도 만들어 냈다.

그렇다면 주식을 팔았던 투자자들은 어떻게 되었을까? 그들은 곧 자신의 결정을 후회하게 되었다. 알코아의 수익이 급증했기 때문이다. 하나의 목적, 하나의 목표, 하나의 초점이 이룬 성과였다.

"하나의 올바른 초점이
혁신과 가치를 만들어 낸다."

올바른 사안에 집중하기

리더의 첫 번째 임무는 팀이 올바른 문제를 해결하고 있는지 확인하는 것이다. 폴 오닐이 작업자의 안전을 레버리지 포인트leverage point, 즉 변화를 이끄는 핵심 지점으로 보았던 것처럼 말이다. 하지만 기업들은 자신들이 해결한다고 주장하는 문제에 대해 의견 일치를 이루지 못하는 경우가 많다.

나의 또 다른 멘토인 스티브 린더Steve Linder에게 배운 것은 '겉으로 드러난' 문제가 진짜 문제인 경우는 드물다는 사실이다. 초기에 문제를 정확하게 규정하지 못해 잘못된 해결책을 쫓는 것만큼 생산성을 갉아먹는 일도 없다. 피터 드러커Peter Drucker는 다음과 같이 말했다.

"애초에 하지 말아야 할 일을 효율적으로 해내는 것만큼 쓸모없는 짓은 없다."

올바른 일을 하려면 먼저 당신과 팀이 실로 올바른 것에 집중하고 있는지 파악해야 한다.

한 가지 효과적인 방법은 팀원 각자에게 '진짜 문제가 무엇이라고 생각하는지, 그리고 왜 그런 문제가 존재한다고 생각하는지' 적어 보게 하는 것이다. 맥락을 공유하고, 답변을 비교하며, 깊이 파고들고, 표면적인 문제에 의문을 제기하라. 그런 후에야 비로소 올바른 문제를 중심으로 정렬하고 효과적인 우선순위를 설정할 수 있다.

리셋 모멘트를 통해 맥락을 고려하면 집중의 방향과 목적을 확실히 잡을 수 있다. 맥락은 목표 지향적인 집중을 만들어 낸다. 더 큰 그림에서 무엇이 중요한지 인식할 때, 우리의 집중은 더 넓은 목표나 전략이 행동과 일치하도록 돕는다. 무작정 모든 것을 하려 애쓰는 것과 의도적으로 올바른 일을 하는 것의 차이가 바로 여기에 있다.

맥락이 없으면 집중은 방향을 잃는다.

코칭 세션에 참여한 비즈니스 리더들은 종종 자신이 원하는 만큼 전략적으로 집중하지 못한다고 고백하곤 한다. 전략적 사고 연구소Strategic Thinking Institute, STI의 연구에 따르면 조사에 참여한 리더의 96퍼센트가 전략적 사고 시간이 부족하다고 답했다. 그 결과, 리더들은 올바른 일에 집중하지 못할 뿐만 아니라 팀원들이 제대로 집중하기를 기대할 수도 없다. 이때 내가 클라이언트들에게 제안하는 또 다른 연습 방법이 있다(이 방법 역시 시간을 최대한 활용하는 것과 관련이 있다). 바로 '시간 감사Time Audit'를 실시하는 것이다.

시간 감사 역시 일종의 리셋 모멘트로, 현재 운영상 시간을 쓰는 곳과 더 전략적으로 시간을 써야 하는 곳 사이의 간극을 파악하는 것이다(시간 감사에는 여러 가지 방법이 있다. 내가 사용하는 방법은 pennyskeynote.com/resources에서 확인할 수 있다). 시간 감사를 마치고 나면 자신이 하고 있는 일과 그 일을 하는 이유를 새로이 명확하게 알게 되고, 그 명확성을 바탕으로 업무 수행 방식을 재고할 수 있게 된다. 또한 위임할 수 있는 업무도 명확하게 파악할 수 있다.

내 CEO 클라이언트 중 한 명인 제임스는 시간 감사를 시행한 후, 몇몇 회의에 자신이 참석하는 것이 불필요하다는 사실을 즉각적으로 깨달았다. 오히려 그의 참석은 리더급 부하 직원들의 권한을 약화하는 일이었다. 그들이 스스로 주도적인 역할을 할 기회를 주지 않았기 때문이다. 결국 그는 참석하는 회의의 수를 절반으로 줄였다. 그 결과, 중간 리더들이 신뢰받고 권한을 부여받는다고 느끼는 부가적인 이점이 따랐다. 동시에 전반적으로 생산성과 몰입도도 높아졌다. 당신이 의사결정권자라면 어떤 회의에 참석해야 하고 어떤 회의에 참석하지 말아야 하는지 따져 볼 필요가 있다.

또 다른 클라이언트인 로라 역시 시간 감사를 시행한 후,

중복된 일대일 회의에 많은 시간을 낭비하고 있다는 사실을 깨달았다. 그녀는 일대일 회의를 대신할 팀 미팅을 신설했다. 그렇게 그녀와 팀은 시간을 절약했을 뿐 아니라 의사소통의 명확성을 극적으로 향상할 수 있었다.

해결하고자 하는 문제를 중심으로 정렬하고, 장애 요소를 정의하고, 철저히 준비하고, 사후 점검을 수행하고, 시간 감사를 시행하는 것은 리셋 모멘트를 갖는 것이다. 이렇게 지속적으로, 어쩌면 집요할 정도로 리셋 모멘트를 취하고 만드는 연습을 통해 올바른 사안을 파악할 수 있을 뿐만 아니라 이를 관리하기 쉬운 작은 단계로 세분할 수도 있다.

궁극적인 목표를 항상 시야에 두고 이 도구를 사용하면 상황이 변하더라도 당신과 팀은 더욱 유연하고 적응력 있게 대처할 수 있다.

"리셋 모멘트를 통해
올바른 사안에 집중하고
효과적인 우선순위를 설정할 수 있다."

▶ 리셋 마인드셋 없이 살아가고 일할 때, 당신에게 발생하는 비용에는 어떤 것들이 있는가? 그리고 리셋 마인드셋을 채택할 때 당신이 얻게 되는 구체적인 이점은 무엇일까?

▶ 원하는 대로 일이 풀리지 않았던 상황, 혹은 어렵거나 불가능해 보였던 상황을 떠올려 보라. 그 상황에 어떤 의미를 부여했고, 어떤 감정을 느꼈으며, 어떻게 반응했는가? 그리고 만약 그 순간 리셋 모멘트를 가졌다면 어떤 다른 대응이 가능했을까?

▶ 과거에 겪었던 어려운 과제나 상황 중 결국 좋은 결과로 이어진 경험을 떠올려 보라. 그 상황에서 마주했던 장애 요소는 무엇이었는가? 그리고 그 장애에 어떻게 대처했으며, 그 경험을 통해 무엇을 배웠는가?

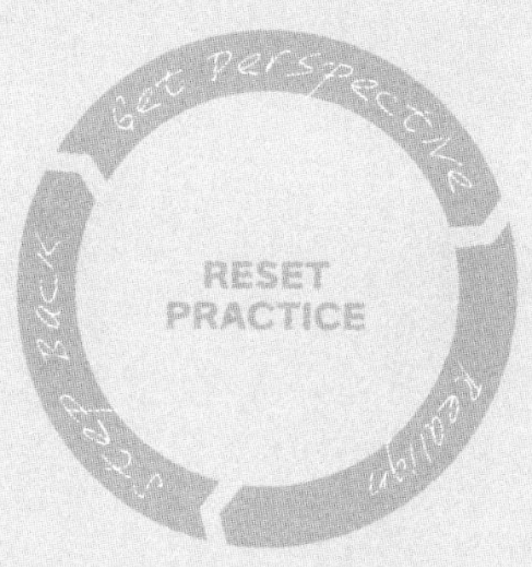

RESET
MINDSET

2

리셋 모멘트의 힘

호주 케언즈의 그레이트 배리어 리프에서 생애 첫 야간 스쿠버 다이빙을 준비하던 중이었다. 수평선 너머에서 폭풍우가 밀려오고 있었다. 하늘은 어둡고 우중충했으며, 거친 바다는 보트를 좌우로 마구 흔들기 시작했다. 사나운 바람과 요동치는 파도에 마음이 불안해졌다. 스쿠버 자격증을 갖추었음에도 그랬다.

한 다이빙 강사가 다른 강사에게 이번 다이빙이 안전할 것인지 묻는 소리가 들려왔다. 속이 조여들었다. 다가오는 폭풍 소리에 그들의 말이 잘 들리지 않았지만, 곧 나를 앞으로 불러낸 것을 보면 충분히 안전하다고 결론 내린 것 같았다. 가까스로 균형을 잡으며 보트 앞쪽으로 나아간 나는 거칠게 성을 내는 물속으로 뛰어들었다. 다른 아홉 명이 합류할 때까지, 나는 출렁이는 물결에 이리저리 표류했다.

그러다 문득 내가 파도에 밀려 보트와 일행들에게서 점점 멀어지고 있다는 사실을 깨달았다. 팔과 다리를 허우적대며 물살에 맞서 싸웠지만, 역부족이었다. 공황이 나를 덮쳤다.

'나는 이런 상황에 대비해 훈련한 적은 없다! 위험한 상황이다! 바다에서는 종종 사람들이 죽는다! 나도…… 정말 죽을지 모른다!'

그 순간 나는 두 개의 성난 물속에 갇힌 것 같았다. 하나는 실제로 내게 휘몰아치는 바닷물이었고, 다른 하나는 내 머릿속에서 끊임없이 몰아치는 자멸적인 생각과 두려움의 홍수였다.

거센 파도가 나를 수면 아래로 가라앉혔다. 간신히 물 위로 머리를 내밀었지만, 두려움으로 몸은 마비되었다. 감정과 동작을 서둘러 통제하지 못하면 정말 위험한 상황에 빠질 수 있다는 걸 깨달았다. 선택지는 분명했다. 가라앉을 것인가, 헤엄칠 것인가.

나는 헤엄치기를 택했다.

스쿠버 훈련 당시를 떠올리며 몸을 이완시켰다. 그러자 부력이 생겨 몇 차례 깊은숨을 들이쉴 수 있었다. 심호흡은 심박수를 늦춰 주었다. 심박수가 느려지면서 공황 상태도 완화되었다. 여전히 비바람이 몰아쳤지만, 나는 다시 정신을 차릴 수 있었다. 수면이 아무리 요동쳐도 몇 피트 아래의 물속은 잔잔하다는 사실을 떠올렸다. 강사들이 이런 기상 조건에서도 다이빙을 진행한 이유가 있다면 바로 그것 아니겠는가?

그렇게 생각이 바뀌자, 나는 몸의 방향을 바로잡고 훨씬 수월하게 일행 쪽으로 헤엄쳐 돌아올 수 있었다. 상황 자체는 변하지 않았지만 내 집중력은 달라졌다. 두려움을 내려놓자 통제권을 되찾을 수 있었다.

이것이 바로 리셋 모멘트의 힘이다. 리셋 모멘트는 공간을 확보하고 명확성을 되찾으며 단순화할 수 있는 권한을 부여한다. 필요할 때 언제 어디서든 관점을 전환할 수 있게 해 준다. 내가 쉬운 길을 약속하는 것은 아니라는 점을 기억하라. 리셋 모멘트가 당신을 대신해 일을 처리해 주지는 않는다. 하지만 어떤 일이 가치 있는 일인지는 분명히 알려 준다.

재차 강조하지만, 리셋 모멘트는 생명이 위태롭거나 비즈니스를 전환해야 하는 등의 중차대한 상황에서만 필요한 것은 아니다. 사실, 진정한 가치는 일상의 사소한 상황들 속에서 그 실행을 습관화하는 데 있다. 하루를 어떤 기분으로 시작할지, 힘든 하루를 보내고 있는 동료에게 어떻게 대응할지, 개인적 혹은 직업적 실망이나 의견 충돌을 어떻게 다룰지, 어려운 대화나 까다로운 사람에게 어떻게 접근할지, 회의에 늦었거나 아이가 또 쓰레기를 내놓지 않았을 때 어떻게 반응할지 등과 같은 상황에서 말이다.

이처럼 사소한 순간에 어떻게 행동하느냐가 평정심이 가

장 필요한 중요한 순간에 어떤 태도를 보이는지를 결정짓는 기본값이 된다. 다행히도 그 폭풍우 속 야간 스쿠버 다이빙은 내가 처음으로 리셋 모멘트를 경험한 순간이 아니었다. 이미 자연스러운 사고 패턴이 된 상태였기에, 가장 필요한 그 순간에 본능적으로 그 믿음직한 도구를 활용할 수 있었다.

"위기를 바꾸는 것은
상황이 아니라 훈련된 선택이다."

리셋 모멘트 정의하기

개념을 명확하게 정의해 보자. 가장 근본적으로 리셋 모멘트는 성찰을 위한 의도적인 멈춤으로, 의식적인 선택의 순간을 만들어 낸다. 우리에게 가장 중요한 목표나 사람, 프로젝트, 우선순위와 다시 연결되는 순간이다.

여기서 '의도적'과 '의식적'이라는 표현에 주목해 보자. 우리 주변에는 항상 리셋 모멘트가 잠재적으로 존재한다. 하지만 그것이 실제로 작동하는 순간은 우리가 명확히 인식하고 '리셋 모멘트'라 이름 붙일 때다. 그렇게 칭해야만 리셋 모멘트를 온전히 활용할 수 있다. 의도적이고 의식적으로 특정 순간을 포착하여 리셋 모멘트라는 이름을 붙일 때라야 실시간으로 받아들이고, 이해하고, 평가하고, 배울 수 있는 공간을 확보할 수 있다.

리셋 모멘트는 말 그대로 리셋 실행을 활성화하는 시간을 뜻하기도 한다. 걸리는 시간은 다양하다. 어떤 순간은 몇 초에 불과하지만, 몇 분 또는 몇 시간이 걸릴 수도 있다. 또한 어떤 전환은 그 영향력이 커서 완전히 구현되는 데 며칠, 몇 주, 심지어 몇 년이 걸리기도 한다. 그러한 큰 전환은 수많은 작은 전환이 축적되어 이루어진다.

원양 여객선이 항로를 조정하는 데 얼마나 오래 걸리는지 생각해 보라. 선장이 "좌현으로 돌려!"라고 명령하면 그 거대한 배의 방향을 바꾸기 위한 수천 개의 작은 작동들이 이루어진다. 마찬가지로 우리의 삶이나 업무에서도 심호흡이나 외부의 의견, 오 분간의 명상과 같은 간단한 리셋 모멘트가 있는가 하면, 훨씬 더 긴 시간에 걸쳐 전개되는 리셋 모멘트도 있다.

또한 리셋 모멘트는 하루에 몇 번을 수행해야 한다는 식의 정해진 기준이 없다. 리셋 모멘트는 각자의 상황에 맞춰 유연하게 활용할 수 있도록 고안되었다. 따라서 생각의 혼란 속에서 길을 잃었을 때, 방해 요소에 흔들릴 때, 혹은 누군가가 당신의 말에 과민하게 반응할 때 리셋 모멘트를 취하면 된다. 집중이 흐트러지거나 몰입이 잘되지 않을 때, 혹은 새로운 영감과 참신한 아이디어를 찾고 있을 때도 마찬가지다.

감정에 압도당하는 것 같을 때도 속도를 늦추고 리셋 모멘트를 갖기에 완벽한 시점이다. 당신은 어떤 모습으로 상황에 임하고 싶은가? 이 의도적인 멈춤은 통제력을 되찾고, 집중력을 발휘하며, 진정 중요한 것에 다시 초점을 맞출 수 있는 기회를 제공한다.

끝없는 자극으로 가득한 세상에서 리셋 모멘트는 불필요한 잡음을 걸러 내고 핵심에 집중하도록 해 주는 궁극의 전략이다.

"리셋 모멘트는
의식적인 선택을 가능하게 하는
의도적인 멈춤이다."

선택의 힘

홀로코스트 생존자 빅터 프랭클^{Viktor Frankl}과 베스트셀러 작가 스티븐 R. 코비^{Stephen R. Covey}의 말로 자주 인용되지만, 실제 출처는 불분명한 명문이 있다.

"자극과 반응 사이에는 공간이 있다. 우리는 그 공간에서 우리의 반응을 선택할 힘을 갖는다. 그러한 반응 속에 성장과 자유가 존재한다."

여기서 말하는 그 공간이 바로 리셋 모멘트가 작동하는 지점이다.

이 문장에서 주목할 것은 '반응'이라는 단어로, '반사적 반응^{reaction}'이 아닌 '의식적 반응^{response}'이 쓰였다는 점이다. 반사적 반응은 본능적이고 충동적이다. 생각하기 '전'에 일어난다. 하지만 의식적 반응은 의도적인 생각을 필요로 한다. 반사적 반응은 우리에게 일어나는 것이고, 의식적 반응은 우리가 선택하는 것이다. 리셋 모멘트를 취하고 만드는 것은 그 선택을 가능하게 하는 데 필요한 공간을 만들어 준다.

그렇다면 우리가 반응을 선택하는 것이 왜 우리의 성장과 자유, 나아가 성공과 행복에 필수적일까? 반사적 반응만으로는 충분하지 않은 이유는 무엇일까?

반사적 반응은 상황에 대한 자동적이고 감정적인 반응으로, 대개 의식적인 생각이나 통제 없이 수행된다. 과거의 경험, 편견, 비합리적인 감정이 반사적 반응을 유도한다. 반사적 반응은 상황에 대한 사려 깊거나 이성적인 평가에 기반하지 않기에 종종 부정적인 결과를 초래하고 문제의 심화를 유발한다. 다시 말해, 감정은 순간적이지만 그 여파는 오래 지속된다.

이와 달리 의식적 반응은 상황을 다루는 의도적이고 통제된 방식이다. 행동을 취하기 전에 단 몇 초라도 상황에 대해 생각하고 다양한 선택지를 고려하는 것만으로도 긍정적인 결과를 얻고 문제를 완화할 가능성이 커진다.

당신의 삶과 일이 그저 당신에게 일어나는 대로 놔두고 싶은가? 아니면 스스로 선택과 행동을 주도하고 싶은가? 자신의 삶을 스스로 통제하고 집중의 방향을 잡는 일은 앞서 소개한 인용문의 '그 공간'에서만 가능하다. 자극을 통제하거나 멈출 수는 없지만, 반사적으로 반응할지 의식적으로 반응할지는 선택할 수 있다. 빅터 프랭클의 고전《죽음의 수용소에서 Man's Search for Meaning》에 나오는 또 다른 명문이 이를 가장 잘 요약해 준다.

"상황을 더 이상 바꿀 수 없을 때, 우리는 우리 자신을 변화시켜야 하는 도전에 직면하게 된다."

위험 부담이 적을 때 리셋 모멘트를 취하는 것은 위험 부담이 클 때 리셋 모멘트를 취하는 것만큼 중요하다(어쩌면 더 중요할지도 모른다). 위험 부담이 적은 상황의 리셋 모멘트가 반복적인 실행을 통해 축적될수록 더 큰 상황에 대비할 힘이 길러지기 때문이다(이 축적 효과에 대해서는 뒤에서 자세히 다룰 것이다). 이처럼 중대한 상황에 대한 사전 대비는 결국 그런 상황을 극복하는 데 실질적으로 도움이 된다.

"성장과 자유, 성공과 행복은
반응을 선택하는 공간에서 시작된다."

능동적 리셋 모멘트와 반응적 리셋 모멘트

나는 리셋 모멘트를 '취하고, 만들라'라는 표현을 앞서 자주 사용했다. 이는 의도성이 담긴 두 가지 측면, 즉 능동적

 리셋 모멘트와 반응적 리셋 모멘트를 강조하기 위해서다.

리셋 모멘트를 취하는 데 있어서 가장 어려운 부분은 언제 리셋 모멘트를 취해야 하는지 인식하는 것이다. 그렇다면 어떤 상황에서 리셋 모멘트가 필요할까? '나무를 보고 숲을 보지 못한다'라는 말을 떠올려 보라. 세부 사항에 너무 몰두하다 보면 상황의 큰 그림을 놓치기 쉽다. 새로운 기술을 익히는 과정과 마찬가지로 리셋 모멘트 역시 인식하는 것에서 시작된다. 따라서 먼저 알아차리는 능력을 연마해야 한다. 처음에는 사건이 지나간 뒤에야 깨닫게 되겠지만, 이러한 순간을 자주 경험하고 인식할수록 더 잘 알아차릴 수 있게 된다. 그렇게 시간이 지나면 리셋 모멘트를 포착하는 것이 습관처럼 자연스러워진다. 이후 정기적인 업무 프로세스나 회의, 대화의 일부로 리셋 모멘트를 만들어 낼 기회를 더 많이 발견하게 될 것이다. 절실히 필요하기 전에 선제적으로 리셋 모멘트를 찾아내면 이점이 따른다. 문제가 커지기 전에 포착할 수 있으며, 추세를 파악하고 쇠퇴를 피할 수 있는 전환점을 찾을 수 있게 된다.

선제적이고 비전 있는 리더는 시장 변화, 직원들의 혼란,

경쟁 압력 등이 닥칠 때까지 기다리지 않는다. 그들은 일찍 그리고 자주 피드백을 구하고, 가정에 도전하며, 무엇이 효과가 있고 없는지 파악하고, 팀의 앞길을 가로막는 장애물을 제거한다. 또한 팀원들이 가장 중요한 일에 집중하고 창의력을 발휘하며 끊임없이 재창조할 수 있도록 돕는다.

이 경우 동기 부여 요소는 두려움도 아니고, 잘못된 것을 바로잡으려는 욕구도 아니다. 오히려 가치를 창출하고, 성과를 개선하고, 경쟁 우위를 확보하고, 혁신을 일으키고, 개인의 성장을 촉진하고, 부정적인 결과를 방지하려는 것이 동기가 된다. 그리고 가장 좋은 소식이 있다. 당신은 이미 리셋 모멘트를 만드는 방법을 알고 있다는 사실이다.

리셋 모멘트는 능동적(만드는 것)일 수도, 반응적(취하는 것)일 수도 있다. 이 둘의 차이를 가장 쉽게 이해하는 방법은 다음과 같다.

- 능동적으로 리셋 모멘트를 만드는 것은 의도적으로 점검 시간을 계획하는 것을 말한다. 예를 들면 정기 회의, 정책과 절차, 또는 한 걸음 물러서서 관점을 확보하고 재정비할 수 있는 공간을 만드는 계획적이고 반복적인 활

동 등이 이에 해당한다.

- 반응적으로 리셋 모멘트를 취하는 것은 (스포츠에서처럼) '타임아웃'을 요청하는 것과 같다.

스포츠에서 타임아웃은 일반적으로 상황이 뜻하는 대로 전개되지 않을 때 사용한다. 상대 팀의 기세를 늦추거나, 경기 시간을 멈추거나, 다른 플레이나 전략을 짜기 위해 잠시 시간을 가져야 할 때 사용한다.

의도적 점검 시간과 마찬가지로 타임아웃 역시 한 걸음 물러나 관점을 전환하고 목표나 가치, 목적에 맞춰 재정렬하는데 필요한 공간을 만들어 준다.

당신은 아마 개인 생활에서도 이미 리셋 모멘트를 만들어내고 있을 것이다. 명상이나 묵상처럼 의식적으로 설정한 형태일 수도 있고, 아침에 커피를 마시거나 신문을 읽는 것과 같은 일상적이거나 가벼운 행위일 수도 있다. 혹은 반려견과 산책하거나 가족과 함께 둘러앉아 저녁 식사를 하는 시간일 수도 있다. 이 모든 것이 모두 인식하기 쉽고 접근하기 쉬운 리셋 모멘트다.

업무 속에 존재하는 리셋 모멘트

대부분의 직종에는 이미 다양한 유형의 점검과 타임아웃이 프로세스에 녹아 있다. 다시 말하지만, 핵심은 그러한 순간들을 리셋 모멘트로 인식하고 제대로 활용할 줄 아는 것이다. 다음은 업무 분야별 몇 가지 예시다.

법조계

변호사는 더 많은 증거를 수집하고 더 철저히 준비하기 위해 '공판기일 연기'를 요청할 수 있다. 또한 소송에는 '증거개시'라는 특정 단계가 있어 양 당사자가 서로에게서 증거를 확보할 기회를 갖는다. 이는 재판에 앞서 모든 관련자가 관련 정보를 충분히 수집할 수 있도록 마련된 의도적이고 필수적인 공간이다.

의료계

환자는 중대한 수술을 받기 전에 종종 '다른 의사의 의견 second opinion'을 구한다. 새로운 시각으로 진단받음으로써 치료 방안을 재평가할 수 있기 때문이다. 또한 의학 연구는 발표되기 전에 해당 분야의 다른 전문가들이 수행하는 엄격한 '동료 심사 peer review'를 거쳐야 한다. 이러한 리셋 모멘트는 연구 결과의 품질과 정확성을 보장하기 위한 절차다.

비즈니스 분야

기업은 제품이나 서비스를 출시하기 전에 '시장 조사 market research'를 통해 성공 가능성을 분석하고 필요한 사항을 조정한다. 또한 전면적인 출시에 앞서 통제된 환경이나 특정 지역에서 '파일럿 프로그램 pilot program'을 운용하는 경우도 많다.

공학 및 건설 분야

엔지니어는 주요 프로젝트를 시작하기 전에 '타당성 조사 feasibility study'를 통해 계획이 실행 가능한지 검증한다. 공사 중에는 모든 시스템과 프로세스가 안전하고 효과적으로 작동하는지 확인하기 위해 정기적인 '안전 감사 safety audit'도 필수적으로 실시한다.

재무 분야

재무 분야에서도 '감사audit'는 회사의 재무제표가 정확하고 규정을 준수하는지 확인하는 필수 과정이다. 인수합병이나 주요 투자 전에 '실사due diligence'를 수행하고 자산, 부채, 상업적 잠재력을 철저히 평가하는 것도 매우 중요하다.

연구 조사 및 학술 분야

의료계와 마찬가지로, 연구 결과와 방법론은 학술지에 발표하기 전에 해당 분야 다른 전문가들의 엄격한 '동료 심사'를 거쳐야 한다. 그리고 '안식년sabbatical'은 장기적인 리셋 모멘트와 다름없다. 교수가 한 학기 또는 한 해 동안 강의에서 벗어나 연구에 전념하거나 역량 개발에 집중할 수 있는 기회가 된다.

부동산 분야

부동산을 매매하기 전에 그 상태를 파악하고 잠재적인 문제를 파악하기 위한 '점검inspection'을 거쳐야 한다. 그리고 가격에 합의하기 전에 부동산의 가치를 전문적으로 평가하는 '감정평가 assessment'를 받아야 한다.

기술 및 소프트웨어 개발 분야

새로운 소프트웨어를 일반 대중에게 공개하기 전에 문제점을 해결하고 버그를 제거하기 위한 '베타 테스트 beta test'를 거치는 것이 필수적이다. 또한 동료 심사와 마찬가지로 새 코드를 메인 코드 베이스에 통합하기 전에 다른 개발자들이 '코드 검토 code review'를 수행하여 품질과 기능성을 검증한다.

저널리즘 및 출판 분야

기사를 게시하기 전에 편집자는 내용에 대한 '팩트 체크 fact-check'를 통해 제시하는 정보의 정확성을 확인해야 한다. 마찬가지로 소설과 같은 창작의 경우에도 편집자는 원고를 꼼꼼하게 검토하며 '교정 proofread'을 통해 오탈자와 오류를 제거해야 한다.

이러한 모든 관행은 업무의 흐름 속에 의도적인 일시 중지나 사후 점검, 피드백 절차, 안전 점검, 통제 과정을 도입한 것이다. 이렇게 각 전문 분야마다 나름의 점검 또는 타임아 웃의 방식이 존재하며, 이러한 장치는 시스템과 프로세스에 내장되어 관점을 확보하고 필요한 재정렬이 이루어질 수 있 도록 돕는다.

여기서 명심할 점은 이것들이 업무의 중단이 아니라는 사 실이다. 점검은 단지 의도적인 일시 정지일 뿐이다.

인디애나폴리스 500 Indianapolis 500 (미국에서 열리는 세계적인 자동 차 경주 대회)에서 경주용 자동차를 몰고 있다고 상상해 보라. 어느 시점에는 피트에 들어가 연료를 보충하고 타이어를 교 체하고 팀원들이 정비를 수행하도록 해야 한다. 경주를 중단 하는 것이 아니라 체크 플래그 check flag (자동차 경주에서 결승선 통 과 시 경주 종료를 알리는 흑백 체크무늬 기)를 향한 경쟁에 필요한 일시 정지를 의도적으로 취하는 것이다.

대부분의 조직에서는 이미 이러한 유형의 타임아웃을 구 조적으로 갖추고 있다. 당신이 할 일은 그것이 제도화된 리 셋 모멘트라는 것을 인식하는 것이다. 그렇게 규정하고 인식 하면 이제 단순히 정해진 절차를 따르는 행태에서 벗어나 그 행위의 목적과 의도를 명확히 함으로써 효과를 극대화할 수 있다.

점검이나 타임아웃을 더 많이 실행할수록 리셋 마인드셋을 더욱 공고히 구축하게 될 것이다.

리셋 모멘트의 제도화

비즈니스 세계는 의심의 여지 없이 빠르게 돌아간다. 우리는 본능적으로 더 신속하게 움직이며 기회를 포착하고 경쟁에서 앞서 나가려 한다. 하지만 빠른 속도가 오히려 우리의 성장을 늦추는 지점이 존재한다는 사실을 명심해야 한다.

의도적인 검토 지점을 프로세스에 통합하는 것의 가치는 말할 수 없이 크다. 리셋 모멘트를 만들고 취하는 것은 주저의 표시가 아니라 신중함과 선견지명, 품질에 대한 헌신을 보여 주는 행위다.

사업에서 리셋 모멘트를 제도화하면 다양한 이점이 따른다. 리스크를 완화하고, 품질을 향상하며, 의사 결정의 정확성을 높일 수 있다. 또한 직원 복지가 개선되고, 참여도를 높이며, 번아웃을 줄일 수 있다. 또한 그 결과로 얻은 피드백을 지속적으로 통합하게 되어, 리더는 더욱 빠르게 성장할 수 있다.

그렇다면 어떻게 더 많은 리셋 모멘트를 프로세스에 통합할 수 있을까? 조직의 리더나 관리자가 이 개념을 제도화하고 일상화해야 한다. 이를 실천하는 방법은 다음과 같다.

첫째, 일시 정지를 일상화하라. 리셋 모멘트가 업무 흐름의 중단이 아니라, 중요한 요소라는 것을 솔선수범하여 보여주어야 한다. '한 걸음 물러서자' 또는 '재설정하자'라는 말이 사무실에서 자연스럽게 사용되는 문구가 되어야 한다. 각 프로세스에 이미 존재하는 리셋 모멘트를 파악하여 관련성을 검토하고 추가적인 기회도 모색해야 한다.

둘째, 피드백과 사후 점검을 체계화하라. 정기적으로 피드백을 요청하고, 이를 분석·논의·실행할 수 있는 효과적인 플랫폼을 제공하라. 중요한 사건이나 상황, 결과가 발생한 후에는 반드시 체계적인 사후 점검이 이루어지도록 하라. 점검 결과가 향후 조치에 통합될 수 있도록 명확한 프로세스를 마련하라. 배움은 성찰에서 얻어진다.

셋째, 교육에 투자하라. 상호작용과 문제 해결, 비즈니스 프로세스에서 언제 어떻게 리셋 모멘트를 적용하고 실천해야 하는지 교육하며 지속적인 학습과 적응의 문화를 장려하라. 교육에는 적용 방식과 효과를 테스트하고 체험할 수 있는 실습과 사례 연구도 포함되어야 한다.

넷째, 지표를 측정하고 신뢰하라. 데이터는 당신의 우군이다. 리셋 모멘트는 일상적으로 실행되어야 하지만, '형식적 절차'로 전락하도록 방치해서는 안 된다. 데이터를 토대로 언제 어디서 타임아웃이 필요한지 공유하고, 그에 따라 시점과 방식에 변화를 가하라.

다섯째, 이유에 대해 소통하라. 모든 사람이 리셋 모멘트의 방법론뿐만 아니라 그 목적과 가치에 대해서도 이해하게 하라. 다양한 이점을 강조하라. 팀원들이 그 효과를 확인하면 더 적극적으로 참여하게 될 것이다.

전략적인 점검 시간과 타임아웃을 도입한다고 해서 속도가 느려지는 것은 아니라는 점을 기억하라. 오히려 더 정확하게, 더 명확하게, 더 효율적으로 앞으로 나아간다는 의미다. 스포

츠에서와 마찬가지로 적절한 시점의 타임아웃은 경기의 흐름
을 바꿀 수 있다.

"리셋 모멘트는

더 정확하고 효율적으로

나아가게 하는 전략이다."

리셋 연습

▶ 지난 한 주를 되돌아보라. 개인적으로든 업무적으로든 리셋 모멘트를 취했더라면 도움이 되었을 만한 상황이 있었는가? 그 순간 리셋 모멘트를 취했더라면 당신은 무엇을 얻을 수 있었을까?

▶ 개인적으로든 업무적으로든 어느 지점에 점검과 타임아웃이 존재

하는지 살펴보라. 그 점검과 타임아웃을 통해 당신은 무엇을 얻고

있는가?

▶ 어떻게 하면 점검과 타임아웃을 전략적으로 더 많이 구현할 수 있을까? 주의 산만, 압도감, 피로, 갈등, 후회, 창의성, 감사와 인정, 기쁨과 축하 등의 영역에서 이를 생각해 보라.

RESET
MINDSET

3

리셋을 실행하는 세 단계

2008년 2월, 나는 스위스 렌처하이데에 있는 가족 산장의 발코니에 서서 숨 막히게 아름다운 풍경을 감상하고 있었다. 렌처하이데는 남편과 내가 살던 취리히에서 북쪽으로 한 시간 반 정도만 달리면 닿는 곳이다. 우리는 겨울이면 스키를 타러, 여름이면 하이킹을 하러 거의 주말마다 이 산을 찾곤 했다.

스키를 타며 긴 하루를 보낸 후, 나는 석양을 감상했다. 그러다 발코니 구석에서 녹아내리는 눈사람을 보고는 미소가 지어졌다. 아이들이 그 주말 초반에 만들어 놓은 눈사람이었다. 그 순간 불현듯 모든 것이 완벽하다고 느껴졌다. 성공적인 커리어, 여행을 즐기는 삶, 건강하고 행복한 아이들, 15년의 결혼 생활. 더욱이 나의 멘토 피터는 내게 CEO 직위 승계를 준비시키고 있었다.

혹시 꿈은 아닌지 꼬집어 보고 싶을 정도였다. 심지어 보모까지 훌륭했다. 아이들은 보모를 정말 잘 따랐고, 나 역시 여전히 일에 매여 살았기에 그녀의 도움을 받는 것은 아주 큰 행운이었다. 나는 안으로 들어가 저녁 식탁을 차리는 그녀를 도왔다.

그리고 나서…… 정말 누군가가 나를 꼬집어 깨웠다.

와인을 따르는 남편이 내 잔보다 먼저 보모의 잔을 채웠다. 그 사소한 순간이 내 머릿속을 뒤집어놓았다. 그날 밤, 나는 잠을 이루지 못했다. 다음 날 남편은 나를 더 이상 사랑하지 않는다고 말했다.

모든 것이 무너져 내렸다. 왜 이런 일이 일어났을까? 이런 일이 일어날 걸 왜 전혀 눈치채지 못한 걸까? 두 아이는 이제 겨우 한 살과 세 살이었다. 이혼은 아이들에게 어떤 의미일까? 아이들의 삶을 망치는 게 아닐까? 이제 무엇을 어떻게 해야 하지?

나는 휘몰아치는 감정의 폭풍과 가정생활의 거대한 불확실성 속에서도 어떻게든 일은 해 나갈 수 있었다. 몇 주 후, 피터가 경영진을 자신의 사무실로 불렀고, 가혹한 소식을 전했다. GfK 본사에서 아시아 지역의 한 법인을 인수하기 위해 스위스 지사를 매각한다는 것이었다. 우리는 이 지사를 이제 막 정상화시켜 놓았는데, 그런 사실은 중요하게 여겨지지 않았다. 우리는 아무런 힘이 없었고, 매각 대상에 고위 경영진이 포함되지 않았기에 곧 일자리를 잃게 될 상황이었다.

그러한 변화에 대해 우리는 발언권조차 없었을 뿐 아니라, 그것을 실행하는 임무를 맡아야 했다. 마치 발밑의 카펫이 순식간에 잡아당겨진 것 같은 느낌이었다.

설상가상으로, 남편과 이혼 절차를 밟던 중 우리의 재정 고문이 충격적인 소식을 전했다. 우리의 자산이 버니 메이도프Bernie Madoff에게 투자되어 있다는 것이었다. 그렇다. 그 유명한 폰지 사기꾼 버니 메이도프 말이다. 그렇게 우리가 평생 모은 돈의 대부분이 연기처럼 사라졌다.

렌처하이데의 발코니에서 느꼈던 완벽한 순간 이후, 눈 깜짝할 사이에 가족과 경력, 재정 등 내가 그토록 공들여 쌓아온 모든 것이 무너져 내리고 있었고, 나는 이 상황을 막을 수 없다는 무력감에 사로잡혔다.

개인적으로나 직업적으로 완전히 패배했다고 느낄 때, 우리는 어떻게 해야 자신과 타인을 위해 최선의 모습으로 설 수 있을까?

자기 연민에 빠지는 것이 가장 유혹적인 선택이었다. 하지만 거기에 무슨 득이 따르겠는가? 또 그게 내 아이들에게 어떤 영향을 끼치겠는가?

아무리 끔찍한 상황이어도, 나는 필요로 할 때마다 리셋 마인드셋을 통해 감정적으로 다시 초점을 맞추고 관점을 확보하며 중요한 것에 주의를 기울였다. 매일 나는 내 신념을 재확인하고 내가 통제할 수 있는 일상의 변수에 집중했다.

그리고 날마다 나는 그 강력한 질문을 던졌다.

'이것의 또 다른 의미는 무엇일까?'

그 질문의 답으로 '내 남편은 거짓말쟁이에 바람도 피웠다'라고 말하기는 쉬웠을 것이다. 실제로 그것은 사실이었다. 하지만 남편은 수년 동안 나의 멘토이자 친구이기도 했다. '이것'이 사실이라고 해서 '저것'이 그렇지 않은 것은 아니다. 둘 다 사실이라면 어느 쪽에 초점을 맞출지 선택할 수 있다. 그리고 그 선택은 내 태도와 내 모습에 직접적인 영향을 미친다. '이것의 또 다른 의미는 무엇일까?'라고 질문함으로써 나는 아이들과 동료들을 위해, 그리고 나 자신을 위해 의도적으로 일상에 임할 수 있었다.

여기서 핵심을 놓치면 안 된다. 그렇다. '매일' 질문을 던져야 한다는 것이다. 리셋 마인드셋을 구축하고 집중력을 손에 넣고 통제력을 되찾는 방법은 단 한 가지, 바로 실행뿐이다. 리셋 실행.

이소룡은 이렇게 말했다.

"나는 만 가지 발차기를 한 번씩 연습한 사람은 두렵지 않다. 하지만 한 가지 발차기를 만 번 연습한 사람은 두렵다."

"변화를 만드는 것은

반복된 실행이다."

루빅스 큐브의 비밀

리셋 실행은 리셋 모멘트에 의해 촉발된다. 모멘트(또는 사건)와 실행을 구분하는 것은 중요하다. 사건은 산발적으로 일어나지만, 실행은 지속적으로 이어진다. 예를 들면 다음과 같다.

- 제품 출시는 사건이지만, 혁신은 실행이다.
- 목표 설정은 사건이지만, 집중과 우선순위의 유지는 실행이다.
- 팀 미팅은 사건이지만, 투명한 커뮤니케이션은 실행이다.
- 신규 사원을 채용하는 것은 사건이지만, 긍정적인 조직 문화의 조성은 실행이다.

- 프로젝트를 완료하는 것은 사건이지만, 협력적인 팀워크의 구축은 실행이다.
- 리셋 모멘트는 사건이지만, 리셋은 실행이다.

리셋 실행은 다음 세 단계로 이루어진다.

- 1단계: 한 걸음 물러서기
- 2단계: 관점 전환하기
- 3단계: 재정렬하기

'한 걸음 물러서기'를 통해 우리는 주인의식과 책임감을 되찾게 된다. 편견, 방해 요소, 상황을 바라보는 오래된 사고방식으로부터 의도적으로 거리를 두는 것이다. 그럼으로써 우리의 생각과 행동, 경험을 의도적이고 주체적으로 관찰할 수 있게 된다.

'관점 전환하기'를 통해서는 시야를 넓히고 더 깊이 파고들어 새로운 연결 고리를 만들며, 새로운 정보를 찾아 선택지를 재평가한다. 다양한 관점을 평가하고 객관성의 힘을 이용해 저항과 한계를 돌파할 수 있다. 이렇게 다른 관점까지 함

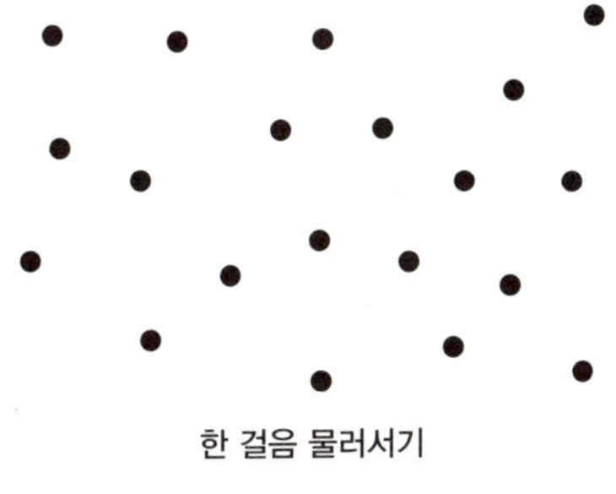

그림 2. 리셋 실행 세 단계: 이 단순한 반복이 생각을 정리하고, 복잡한 상황에서도 핵심을 찾게 해 준다.

께 고려해야만 현상 유지에 도전하고 잠재력을 극대화할 수 있다.

'재정렬하기'는 보다 넓은 관점으로 성공의 사다리를 이끄는 핵심이 무엇인지 명확하게 파악할 수 있도록 해 준다. 우리는 잡음을 차단하고 무엇이 가장 중요한지 우선순위를 다시 정할 수 있다. 행동과 결정은 가치관과 목표, 새로운 통찰에 맞춰 재조정된다. 자신이 누구인지, 무엇을 성취하고자 하는지를 인식하고 그에 부합하는 방식으로 경로를 조정하는 것은 의식적인 선택이다.

이게 전부다. 세 단계로 이루어진 이 실행을 계속 반복하면 한 계단씩 성장의 사다리를 올라갈 수 있다. 그런데 여기에는 비밀이 있다. 문제의 복잡함이 아니라, 얼마나 단순하게 접근하느냐가 관건이라는 점이다. 단순함은 어떤 상황에서든, 즉 스트레스가 많거나 불확실하거나 감정적인 상황일지라도 이 실행을 빠르고 쉽게 사용할 수 있도록 돕는다.

루빅스 큐브는 단순함이 복잡함에 대한 가장 좋은 접근 방식임을 보여 주는 완벽한 예다. 큐브가 얼마나 뒤섞여 있든 몇 가지 단순한 동작의 반복으로 풀 수 있다는 사실은 놀랍다. 어떤 상태에서 시작하든 상관없다. 똑같은 단순한 동작으로 퍼즐을 풀 수 있다.

마법의 힘을 가진 것처럼 보이는 스피트 큐브 선수 역시 그저 일련의 단순한 동작을 반복하는 것일 뿐이다. 유튜브에서 '루빅스 큐브 세계 신기록'을 검색하면 입이 떡 벌어지는 영상들을 볼 수 있다. 그리고 그 놀라운 기록 뒤에는 누구나 배울 수 있는 비결*이 있다.

복잡한 퍼즐이든, 인간관계든, 인생의 난관이든, 해답은 동일하다. 문제가 얼마나 복잡한지가 아니라 얼마나 단순하게 접근하느냐가 핵심이다. 리셋 실행은 단순하다. 처음 이 세 단계를 실행할 때는 새로운 일처럼 어렵거나 어색하게 느껴질 수 있다. 하지만 반복하다 보면 시간이 지남에 따라 쉬워지기 시작할 것이다. 사실, 더 쉬워지지는 않는다. 단지 더 잘할 수 있게 되는 것이다.

"해답은
단순한 실행을 반복하는 데 있다."

---

* "Learn How to Solve a Rubik's Cube 3x3 Steps," YouTube, accessed December 6, 2023, https://youtube.com/shorts/2sWEc0nYBFA?si=t3x6aVd6Ecpq LmSj.

단순화의 원칙

미국 해군 특수부대 네이비실^{Navy SEAL} 출신의 리더십 컨설턴트인 조코 윌링크^{Jocko Willink}는 저서 《극단적 오너십^{Extreme Ownership}》에서 성공은 오직 단순화를 통해서만 가능하다고 단언한다. 계획이 복잡할수록 실패할 가능성이 커진다. 이해하기 어렵거나, 목표와 전략의 전달에 너무 오랜 시간이 걸리거나, 효과적으로 실행하기 위한 단계가 너무 많으면 성공 가능성은 점점 작아진다.

물론 단순화하는 일 자체에 더 많은 시간과 노력이 필요할 수도 있다. 하지만 단순화에 대한 투자는 어떤 분야나 과제에서든 더 높은 효율성과 효과로 되돌아온다.

네이비실에는 다음과 같은 격언이 있다.

'상황이 닥친다고 해서 새로운 능력이 발휘되는 게 아니라 평소의 훈련에 의지해 대응하는 것뿐이다.'

나는 TEDx 강연 '생각의 에너지^{The Energy of Though}'* 에서 이 격

---

* Penny Zenker, "The Energy of Thought." TEDxPSUBehrend, Tedx Talks, YouTube, June 9, 2017. https://youtu.be/lrQ5MJw3mss.

언을 인용하며 다음과 같이 풀어 말했다.

'스트레스를 받는다고 해서 우리가 갑자기 상황에 대처할 능력이 생기는 건 아니다. 우리는 결국 평소의 생각 수준으로 대응하는 것뿐이다.'

리셋 실행은 우리의 사고를 훈련한다. 목표가 아무리 복잡하고, 스트레스 강도가 아무리 높고, 상황이 아무리 어렵더라도 언제나 이 단순한 세 단계로 돌아가면 목적에 집중하고 환경에 적응하며 목표에 더 빨리 도달할 수 있다.

"복잡한 상황일수록

단순한 원칙으로 돌아가야 한다."

1단계: 한 걸음 물러서기

1968년, 빌 월시Bill Walsh는 NFL 신시내티 벵골스Cincinnati Bengals의 공격 코디네이터(공격 담당 코치)로 부임했다. 당시 벵골스는 리그 최하위권에 머물러 있던 팀이었다. 선수단은 다른 NFL 팀에서 방출되거나 외면받은 선수들로 이루어져 있었다. 또한 쿼터백 quarterback(미식축구에서 공격을 이끄는 핵심 선수)은 20야드 이상 던지는 패스의 정확도가 형편없는 선수로 악명이 높았다.

월시는 그런 현실에 불평하지 않았다. 구단주에게 돈을 더 투자하라고 소리치지도 않았고, 선수 구성의 한계를 놓고 단장을 탓하지도 않았다. 대신 그는 자신이 가진 자원을 점검하고 가능성을 탐색했다. '이 상황에 접근할 다른 방법은 없을까?'

월시는 자신이 활용할 수 있는 공격수들이 기존 NFL식 공격으로는 수비를 뚫을 수 없다는 사실을 깨닫고 완전히 새로운 공격 체계를 개발했다. 그가 설계한 플레이북에는 속도나 운동 능력에 의존하는 루트 대신 정확한 루트를 달리는 와이드리시버들을 향해 던지는 12야드 이하의 짧은 중거리 패스 위주의 공격 전술로 가득했다.

NFL 수비수들은 이 새로운 공격에 속수무책으로 당했다. 1970년, 벵골스는 AFC 센트럴의 정상에 올랐다. 월시는 계속해서 전술 변화를 시도했고, 1979년에는 당시 NFL 최약체 팀이던 샌프란시스코 포티나이너스 San Francisco 49ers의 감독이 되었다. 이번에도 그는 선수 자원을 파악하고 분석한 후 그에 맞춰 전술을 조정했고, 포티나이너스를 세 차례나 슈퍼볼 우승으로 이끌었다.

그가 팀을 떠난 뒤에도 그가 창안한(그리고 지금은 전설이 된) 웨스트코스트 오펜스West Coast offense(짧고 정확한 패스를 반복해 공격을 전개하는 미식축구 전술)는 포티나이너스에 두 차례 더 슈퍼볼 우승컵을 안겨 주었다.

월시의 웨스트코스트 오펜스는 신시내티와 샌프란시스코를 넘어 미식축구 전반에 혁신을 일으켰다. 이제 팀들은 월시 오펜스의 다양한 버전을 의도적으로 실행하며 그가 개발한 패스 게임 유형에 뛰어난 선수를 찾고 있다.

하지만 기억할 점이 있다. 그 전술은 선수들의 한계 때문에 만들어졌다는 사실이다. 월시는 주어진 자원에 맞춰 전략을 세우고, 가진 것을 최대한 활용해 부분의 합보다 훨씬 더 큰 무언가를 창출했으며, 결국 게임의 판도 전체를 바꾸어 놓았다.

리셋 실행의 첫 번째 단계인 '한 걸음 물러서기'의 핵심은 인식을 확장하고 큰 그림에 다시 연결되는 것이다. 자신이 무엇을 모르는지조차 깨닫지 못하거나, 시간과 자원을 잘못된 방향으로 투입하고 있다면 아무것도 성취할 수 없다. 우리는 종종 하나의 과업에 지나치게 몰두한 나머지 정작 중요한 성과를 잊어버리곤 한다. 또는 자존심에 사로잡혀 실제 목표를 잊어버리기도 하고, 혹은 문제에 너무 집착한 나머지 해결책에 집중하지 못하기도 한다. '한 걸음 물러서기'라는 멈춤과 공간이 없으면 인식이 돌아올 틈이 생기지 않는다.

한 걸음 물러서기가 삶과 일에 안겨 주는 네 가지 유형의 인식은 다음과 같다.

- 자기 인식self-awareness: 자신의 감정, 동기, 편견을 인식하고 그것이 어떻게 의도를 방해할 수 있는지 이해하는 능력을 말한다. 자기 인식이 뛰어난 리더는 감정과 반응을 더 잘 관리하고, 효과적으로 소통하며, 보다 객관적인 결정을 내릴 수 있다.
- 상황 인식situational awareness: 현재 자신이 처한 환경의 맥락과 역학을 이해하는 능력을 말한다. 상황 인식이 뛰어난 리더는 변화하는 환경에 유연하게 적응하며, 더 나은 정보를 바탕으로 결정을 내려 목표에 더 빨리 도달할 수 있다.
- 문화 인식cultural awareness: 다른 문화의 가치관, 신념, 관습

을 이해하는 능력을 말한다. 문화 인식이 강력한 리더는 다양한 배경을 가진 사람들과 더욱 효과적으로 소통하고 협력하여 중요한 목표를 중심으로 조율을 끌어낼 수 있다.

- 이해관계자 인식stakeholder awareness: 고객, 직원, 주주 등 다양한 이해관계자의 요구와 기대를 이해하는 능력을 말한다. 이해관계자 인식이 높은 리더는 목표를 훼손하지 않으면서도 다양한 그룹의 이해관계를 효과적으로 관리하고 균형을 맞출 수 있다.

한 걸음 물러서는 것은 실로 중요하다. 한 걸음 물러서지 않으면 명확성을 확보할 수 없으며, 판단을 흐리게 하는 감정에서 벗어날 수도 없다. 또한 빌 월시처럼 팀의 '강점strength, S', 팀의 '약점weakness, W', 경기에서의 '기회opportunity, O', 현장의 '위협threat, T'을 점검하며 자신의 상황을 객관적으로 바라볼 수도 없다. 이러한 접근은 오늘날 'SWOT 분석'으로 알려져 있으며, 개인은 물론 팀 차원에서나 매우 효과적인 점검 방법이다.

하지만 인식만으로는 충분하지 않다. 1단계에서 멈추면 무엇을 해야 하는지 알지만 실행하지 못한 채 머무는 '지식

격차^{knowledge gap}'에 갇히게 된다.

"한 걸음 물러서지 않으면
제대로 볼 수 없다."

2단계: 관점 전환하기

스티븐 스필버그^{Steven Spielberg}의 영화 〈죠스^{Jaws}〉는 블록버스터 시대를 본격화하며 영화사를 완전히 바꿔 놓았다. 하지만 이 영화는 가장 큰 매력 포인트인 상어 때문에 촬영 자체를 망칠 뻔했다.

25피트(약 7.6미터) 길이의 백상아리는 사실 세 대의 애니매트로닉^{animatronic}(기계 장치 로봇) 모형이었는데(장난스럽게 스티븐 스필버그의 변호사 이름을 따서 '브루스'라 불렀다), 촬영에 전혀 협조적이지 않았다. 계속 고장이 나고 오작동을 일으켰으며, 바닷속 촬영 중에는 아예 가라앉아 버리기도 했다.

상황이 심각해지자(그리고 제작 비용도 치솟자) 스필버그는 브루스를 '하얗고 거대한 똥덩어리'라고 부르기 시작했다.

당시만 해도 아직 젊고 비교적 무명이었던 스필버그는 어떻게든 공포를 연출할 수 있는 다른 방법을 찾아야 한다는 사실을 깨달았다.

결국 그는 카메라 자체를 상어의 시점으로 바꾸기로 했다. 영화의 오프닝 장면을 떠올려 보라. 크리시 왓킨스가 밤바다에서 헤엄치다가 상어의 공격을 받고 결국 물속으로 끌려 들어가는 장면 말이다. 정말 공포스럽지 않은가! 상어는 전혀 보이지 않았는데도 그 모든 긴장감이 만들어졌다.

영화 내내 브루스의 모습은 아주 잠깐씩 나올 뿐이다. 그러다가 클라이맥스 직전, 상어 사냥꾼 퀸트를 삼키는 바로 그 장면에 이르러서야 스필버그는 25피트짜리 거대 상어의 모습을 제대로 보여 준다. 보류의 힘을 최대로 발휘한 셈이다. 상어를 가능한 한 오래 숨김으로써 서스펜스와 공포를 극대화한 것이다.

스필버그가 그런 스토리텔링의 혁신을 떠올릴 수 있었던 것은 바로 브루스가 '말을 안 들었기' 때문이다.

도전, 제약, 좌절은 인생에서든 사업에서든 피할 수 없는 부분이다. 스필버그처럼 한 걸음 물러서서 상황을 재평가하고 다른 각도에서 바라보면 문제를 해결할 뿐만 아니라 처음에 예상했던 것보다 더 나은 결과를 안겨 주는 혁신적인 해결책을 발견할 수 있다.

1단계(한 걸음 물러서기)가 타임아웃을 부르는 것이라면, 2단계(관점 전환하기)는 사이드라인에서 이루어지는 작전 회의와 같다. 코치와 선수들이 의견을 주고받으며 경기 중에 일어난 일을 검토하고 왜 상황이 의도대로 진행되지 않는지 등을 점검하는 시간 말이다. 그렇게 모두가 각자의 관점을 공유하며 문제점을 파악하고 해결책을 제시하면 새로운 관점이 확보된다.

내가 관점을 확보하는 데 가장 유용하게 사용하는 지침은 신경언어프로그래밍Neural Linguistic Programming, NLP의 지각 위치Perceptual Positions라고 불리는 도구다. 서로 다른 관점을 이해하고 소통과 공감 능력을 향상하는 데 사용되는데, 나는 창의성과 새로운 인풋을 얻는 데도 이 도구를 활용한다.

지각 위치는 위치에 따라 서로 관점이 다를 수 있음을 이해하는 것에서 시작한다. 각 관점을 큐브의 한 면으로 생각하면 쉽다. 각 면은 다른 색을 띠며, 이는 각기 다른 관점을 나타낸다.

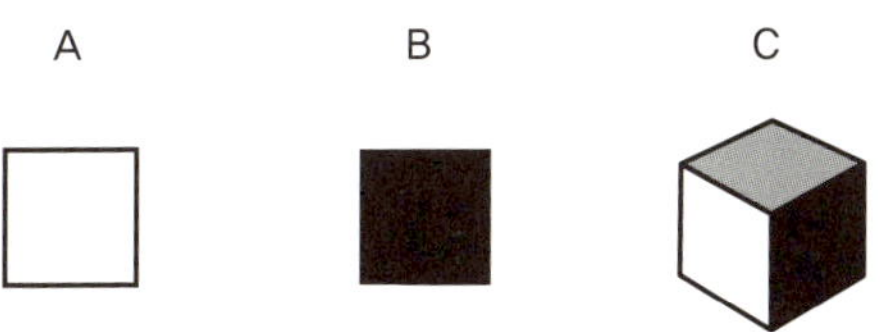

그림 3. **지각 위치:** A는 나의 관점, B는 상대방의 관점, C는 관찰자의 관점이다. 이 세 관점을 넘나들며 바라볼 때, 이해와 공감 그리고 새로운 통찰이 가능하다.

이 그림(그림 3)에서 A는 '나의 관점', B는 '상대방의 관점', C는 모든 측면을 관찰하는 '제3의 관점'이다. 상대방이 여러 명인 경우 B1, B2 등이 되고, 그들 역시 각자의 관점이 다를 수 있다. B는 당신이 갈등을 겪거나 협상 또는 인터뷰 중인 개인이나 그룹이 될 수도 있고, 당신의 경쟁자나 고객이 될 수도 있다.

C의 핵심은 사람이 아니라 '위치'다. A와 B(또는 B1, B2, B3 등)를 모두 고려하는 관점으로, 포괄적이며 객관적인 시각을 확보할 수 있다.

C의 위치에 서면 한쪽 면만이 아닌 입체 구조 전체를 볼 수 있다. C는 맹점을 발견하고, 오해를 바로잡고, 기존 사고 방식에 도전하고, 창의성을 탐구하는 위치다. 하지만 이러한 객관성의 힘은 오직 자신의 제한된 관점을 벗어날 때만 얻을

수 있다. C의 위치에서 정육면체를 비틀고 돌리고 기울이며 다양한 관점에서 상황을 바라봐야만 리더로서 팀, 경쟁사, 시장을 관리할 수 있다.

리더라면 특히 관점을 잃지 않도록 늘 경계해야 한다. 권한이 커질수록 사람들과의 거리가 멀어지고, 거리가 멀어질수록 다른 사람의 생각이나 느낌, 그리고 무엇이 실제로 효과가 있고 없는지에 대한 이해도가 떨어지기 때문이다.

최고 경영진의 관점이나 자신이 속한 세대의 시각에만 몰두하다 보면 관리자들이나 직원들의 우려를 간과하기 쉽다. 그로 인해 당신이 추진 중인 전략이나 솔루션을 중심으로 팀을 결속시키는 데 필요한 지지와 참여를 얻지 못할 수 있다. 또한 당신의 권한이 상대방에게는 위협적일 수 있다는 점을 이해해야 한다. 직원들의 관점을 수용하려는 적극적인 노력을 기울이지 않으면 그들은 자신의 아이디어나 비판을 공유하기를 주저하게 될 것이다.

직원들의 아이디어와 피드백을 구하는 방식은 워크숍이나 단체 연수 또는 설문 조사 등과 같은 형태를 취할 수 있다. 그런 방법을 통해 핵심 전략을 제시하고 실행 계획에 대한 의견을 구하는 것으로 시작하면 된다. 목표와 그 중요성을 명확하게 전달하면 직원들이 당신의 관점(A)을 보다 잘 이해할 수 있게 된다. 그리고 직원들의 의견(B)을 환영하고 경청하면 새로운 아이디어를 얻게 되고, 나아가 더 나은 아이디어가 더 많이 생겨나는 기회로 이어진다. 직원들이 존중받고 가치 있는 존재라 여기게 되면 주인의식과 충성심, 업무에 대한 열정은 자연스럽게 생겨난다. 또한 참여와 협력의 분위기도 조성된다. 단, 후속 조치가 부족하면 단절과 이탈이 초래될 수 있으므로 그들의 의견을 언제 어떻게 반영할 것인지 명확히 전하고 이행해야 한다.

직원들의 피드백을 구해야 하는 또 다른 이유는 무엇일까? 이것은 사실 리더십의 비밀이라기보다는 진리라고 할 수 있는데, 당신이 모든 것을 다 알고 있지는 않기 때문이다. 리더는 항상 모든 해답을 알고 있어야 한다는 압박감을 느낄 수 있다. 하지만 사실은 전혀 그럴 필요가 없다. 진정한 리더십이란 자신의 관점 이외의 관점도 고려할 수 있는 겸손과 용기를 가지고, 공동의 이익을 위해 최선의 결과를 추구하는 태도를 의미한다. 설령 그것이 자신의 이익에 반하더라도 말이다.

더 많은 정보를 얻어 폭넓은 시각을 유지하면 더 강력하고, 더 빠르고, 더 공정한 의사 결정을 내릴 수 있다. 다양한 관점을 수용함으로써 자신과 조직 내에 존재하는 추측, 편견, 고정관념을 줄일 수 있다. 더불어 사람들을 움직이는 요인을 이해하게 되면 긴장된 상황을 더욱 효과적으로 완화하고 갈등을 더 빠르게 해결할 수 있다. 리더가 기꺼이 경청하고 소통하려는 의지를 보일 때, 창의성과 혁신, 협력은 모두 가속화된다.

협상에서와 마찬가지로, 상대방이 어떤 생각을 바탕으로 삼고, 무엇이 그들을 움직이게 하는지 이해하면 좀 더 수월하게 최선의 합의에 도달할 수 있다. 반드시 상대방의 관점에 동의해야 한다는 의미가 아니다. 이해하는 것만으로 충분하다. NLP의 지각 위치 프레임워크에서 정육면체 비유 역시 '이해받으려는 것이 아니라 이해하려는' 노력에 기반을 두고 있다.

FBI 협상가이자 베스트셀러 《우리는 어떻게 마음을 움직이는가Never Split the Difference》의 저자 크리스 보스Chris Voss는 진정한 연결과 상호 이해가 이루어졌는지를 가늠하는 명확한 기준을 제시한다.

그는 상대방이 '당신 말이 맞아요(You're right)'라고 대답하는 것에 만족하지 말라고 조언한다. '당신 말이 맞아요'라는 말은 그저 대화가 끝났다는 뜻일 뿐, 당신의 의견에 동의한다는 뜻이 아닐 수 있다. 당신이 들어야 할 말은 '바로 그거예요(That's right)'다. 이 말은 상대방이 자신이 이해받았다고 느끼고 있으며, 당신과 진정한 연결이 이루어진 것을 의미한다. 타인의 관점에 공감하면 스트레스가 줄어들고, 불필요한 감정 격화도 피할 수 있게 된다.

'바로 그거예요'에 도달하는 효과적인 방법(사실상 C의 위치에 이르는 한 가지 방법이다)은 앞에서 언급한 단순하면서도 강력한 질문을 던지는 것이다. 바로 '또 뭐가 있을까요?'와 '다른 방법은 없을까요?'다. 이러한 단순한 질문이 당신을 A 위치에서, 그리고 상대방을 B 위치에서 벗어나도록 계속 유도하며 둘 다 C 위치에 이를 수 있도록 돕는다.

이 외에도 더 넓은 시야를 확보하고 유지하는 데 도움이 되는 다른 많은 질문과 프레임워크가 있는데, 이에 대해서는 '후기'에서 다루도록 하겠다.

가장 중요한 것은 이 프레임워크가 직장과 가정에서 감정을 조절하는 데 도움이 된다는 점이다. 때로는 감정이 지나치게 격렬해져서 우리의 이성적인 사고를 마비시키며 무절

제하고 부정적인 반응을 불러일으키기도 한다. 불교에서는 이러한 상태를 잘 나타내는 개념이 있는데, 바로 '원숭이 마음monkey mind'이다. 원숭이 마음이 우리를 지배하게 되면 우리는 안절부절못하고, 변덕스럽게 행동하며, 결국 생각과 선택을 스스로 통제하지 못하게 된다.

신경과학 연구에 따르면 관점을 전환하는 행위는 뇌의 집행 기능을 활성화하여 감정 폭주 상태에서 빠르게 벗어나도록 돕는다. 따라서 우리는 이 단계, 즉 '관점 전환하기'를 실행함으로써 원숭이 마음이 지배하려 할 때마다 통제권을 되찾아야 한다.

최근 들어 마음챙김mindfulness의 효용이 사회 전반에서 인정받기 시작했는데, 관점 전환 역시 마음챙김을 실천하는 또 다른 방식에 해당한다. 성찰하고, 현재에 집중하며, 판단 없이 상황을 받아들이는 태도는 부정적인 스트레스 요인과 역효과적이고 반응적인 상태로부터 우리의 에너지를 전환하도록 돕는다.

타임아웃을 쓸 때는 그 시간을 의미 있게 활용해야 한다. 플레이북의 첫 번째 전술에만 의존하지 말라. 현상 유지에 도전하고, 새로운 목소리를 찾고, 다양한 각도에서 사물을 바라보고, 기존의 가정에 도전하라.

3단계: 재정렬하기

1954년 5월 6일, 로저 배니스터Roger Bannister라는 젊은 의대
생이 1마일을 4분 이내에 달려 돌파하는, 당시로서는 상상할
수 없는 일을 해냈다. 당시 대부분의 사람들은 인간의 신체
가 그런 위업을 달성할 수 없다고 믿었다. 프로 달리기 선수
들도 해내지 못한 일을 아마추어인 그가 할 수 있다고 생각
한 이유는 무엇이었을까?

배니스터의 접근 방식은 단순히 육체적 능력뿐만 아니라
달리기의 정신적 측면에도 집중하는 것이었다. 물론 그는
필요한 훈련을 통해 신체를 단련했다. 동시에 그는 사고방
식과 행동, 주변 환경도 목표에 맞춰 정렬시켰다. 그는 자신
과 팀원들에게 끊임없이 피드백을 구했다. 그렇게 가장 중

요한 것에 집중했고, 역사상 그 누구도 해내지 못한 일을 이루어 냈다.

전문가들은 완벽한 조건이 갖춰져야만 그것이 가능하리라고 생각했다. 섭씨 20도에 바람 한 점 없는 완벽한 날씨와 단단하고 건조한 트랙, 수많은 관중의 열렬한 응원 등의 조건 말이다. 하지만 배니스터는 전문가들의 의견을 무시하고 자신의 지속적인 재정렬을 믿었으며, 추운 날, 젖은 트랙과 소수의 관중 앞에서 그 한계를 돌파했다.

하지만 이 이야기의 진정한 교훈은 따로 있다. 1886년부터 공식적으로 1마일 4분 벽을 깨기 위한 시도가 이어졌지만, 1954년 배니스터가 성공한 후 불과 46일 만에 그와 또 한 명의 러너가 다시 그 한계를 돌파했다. 한 번 돌파하는 데 68년이 걸렸지만, 다시 돌파하는 데는 한 달 반밖에 걸리지 않은 것이다.

배니스터의 성취는 자신뿐만 아니라 전 세계 모든 러너들의 사고방식을 재정렬시켰다. 1년 후, 세 명의 러너가 같은 레이스에서 장벽을 깼다. 이후 지금까지 공식적으로 약 1,750명의 선수가 1마일을 4분 이내에 주파했다.

1단계가 '타임아웃을 요청하는 것(한 걸음 물러서기)', 2단계가 '사이드라인에서 작전 회의를 하는 것(관점 전환하기)'이라면, 3단계는 '새로운 전략으로 팀을 다시 경기에 뛰게 하는 것(재정렬하기)'이다.

'같은 일을 반복하면서 다른 결과를 기대하는 것은 미친 짓이다'라는 옛말이 있다. 상대 수비수에게 번번이 막히는 플레이를 계속 고집한다면 어떤 감독도 오래 그 자리를 유지할 수 없다. 리셋 실행을 활성화하는 것은 재정렬, 즉 새로운 플레이를 불러오는 것에서 정점을 찍는다.

"한계를 돌파하는 힘은
사고방식과 전략의 재정렬에서 나온다."

피드백을 만드는 재정렬의 구조

하지만 말처럼 쉬운 일은 아니다. 팀원들이 이미 일상적인 활동과 방해 요소들로 인해 과부하에 걸려 압도당하고 있는 상태에서 그들의 주의를 프로젝트 목표에 맞추려면 어떻게 해야 할까? 바로 이때 리셋 모멘트가 필요하다.

리더는 개인적으로든 집단적으로든 재정렬할 수 있는 공간을 만들어야 한다. 재정렬은 한 번으로 끝나는 이벤트가 아니다. 지속적인 재평가의 과정이다. 기억하라. 이 세 단계가 복잡한 문제를 단순하게 만들어 준다. 타임아웃을 요청하고, 작전 회의를 이끌고, 공유된 목표에 맞춰 팀을 재정렬한 후 다시 내보내야 한다.

재정렬의 가장 강력한 장점은 바로 본질적으로 피드백 루프를 촉발한다는 사실이다. 단계를 밟을 때마다 가장 중요한 것을 중심으로 적응하고 정렬하게 되고, 재정렬할 때마다 목표 달성에 점점 더 가까워진다. 핵심은 이것이다. 의도한 목표를 달성하는 데 가장 중요한 것에 집중할수록 주의가 산만해지거나 번아웃에 빠질 가능성은 줄어든다.

"재정렬이 반복될수록
더 중요한 것에 집중하게 되고
그 집중은 더 나은 결과로 이어진다."

리셋 실행의 세 가지 사례

삶과 일에서 점점 더 많은 리셋 모멘트를 취하고 만들다 보면, 리셋 실행이 다양한 방식으로 나타날 수 있다는 것을 알게 될 것이다.

앞에서 언급했듯이 '이것의 또 다른 의미는 무엇일까?'라고 자문하는 것 자체도 하나의 리셋 실행이다. '나는 어떤 모습으로 서고 싶은가?', '어떤 문제를 해결하려고 하는가?', '이 문제를 달성할 다른 방법은 없을까?'라고 묻는 것도 마찬가지다. 이러한 질문을 던지는 것 자체가 리셋 실행을 활성화해준다.

다음은 리셋 모멘트와 리셋 실행의 몇 가지 일상적인 사례다. 어쩌면 당신 자신의 모습이나 이미 실천하고 있는 리셋 모멘트 또는 리셋 실행이 떠오를 수도 있다. 그렇다면 아주 잘하고 있는 것이다.

이제 다음 단계는 이름을 붙이는 것이다. 리셋 모멘트라는 이름을 의도적이고 신중하게 붙이기 전까지는 아무 일도 일어나지 않는다는 사실을 기억할 것이다. 그러한 인식이 공간을 만들고 실행을 활성화한다.

에이드리언의 어떤 날

아침 햇살이 블라인드 틈으로 스며드는 순간, 에이드리언의 알람 시계가 울렸다. 그의 손가락은 '다시 울림' 버튼과 '끄기' 버튼 사이를 맴돌았다. 에이드리언은 리셋 모멘트(#1: 첫 알람에 일어나기)를 실행했다. '끄기'를 선택하고 침대에서 일어나 발을 내디뎠다. 그렇게 어젯밤 알람을 설정할 때 내린 결정을 존중하며 능동적인 자세로 하루를 시작했다.

그는 아침의 여유로운 시간을 즐겼다. 가벼운 스트레칭과 명상으로 하루를 준비하며 마음가짐을 다졌다. 만약 그가 '다시 울림'을 선택했다면 그는 이 실행이 주는 모든 이점을 놓쳤을 뿐만 아니라, 조급해지고 불안한 가운데 하루를 시작했을 것이다.

건물을 나서던 에이드리언은 노점상의 카트에서 풍기는 커피 향에 잠시 걸음을 멈췄다. 평소라면 아무 생각 없이 테이크아웃 커피를 사 들었겠지만, 오늘 아침에는 리셋을 하겠다는 다짐이 떠올랐다. 리셋 모멘트(#2: 하루를 계획하기)의 실행이었다. 그는 근처 카페에 앉아 간단히 아침을 먹으면서 하루를 계획하고 정신적으로 준비하는 조용한 시간을 갖기로 했다.

차를 몰고 출근하던 중 승용차 한 대가 그의 차선으로 갑자기 끼어드는 바람에 급브레이크를 밟아야 했다. 심박수가 치솟은 에이드리언은 상대 운전자에게 소리 지르며 공격적인 제스처를 취하고픈 충동을 느꼈지만, 곧 '잠시 멈춤의 힘'을 기억해 냈다. 리셋 모멘트(#3: 긍정적인 의도를 가정하기)였다. 그는 심호흡을 하면서 공감을 선택했다. '저 사람은 힘든 아침을 보내고 있는 걸지도 몰라'라고 생각하며 더욱 조심스럽게 운전을 이어 갔다.

사무실에 도착하자 동료가 에이드리언에게 오전 10시에 예정된 프레젠테이션이 9시로 한 시간 앞당겨졌다고 알려 주었다. 예고도 없었고, 준비할 시간도 없었다. 당혹감이 밀려왔다. 하지만 패닉에 압도되기 전, 리셋 모멘트(#4: 결과에 집중하기)가 떠올랐다. 조용한 공간을 찾아 눈을 감고 성공적인 발표를 시각화하며 자신의 강점과 역량을 상기했다. 그러면서 아침 일찍 일어나 여유 시간을 가졌던 것이 얼마나 누적적이고 지속적인 효과를 안겨 주는지 깨달았다. 프레젠테이션은 예상보다 훨씬 순조롭게 진행되었고, 사람들은 그의 즉흥적인 대처 능력을 칭찬했다.

늦은 오후, 프로젝트 마감일이 다가오자 시곗바늘은 더 빨라진 듯했다. 이메일과 채팅 알림이 쉴 새 없이 울리며 그의 집중력을 흩트렸다. 유혹적인 방해 요소였다. 스트레스로부터 벗어나 잠시 쉬어 가면 어떨까? 하지만 리셋 모멘트(#5: 업무 구간의 목표에 다시 정렬하기)가 손짓했다. 그는 읽지 않은 메시지의 늪에 빠져드는 대신 타이머를 45분으로 설정하고 다시 집중력을 되찾았다.

퇴근 후 집에 돌아오자 반려견 맥스가 신나게 달려와 관심을 끌기 위해 애썼다. 에이드리언의 손에는 우편물이 가득 들려 있었고, 휴대폰 화면에는 업무 관련 알림이 깜빡였다. 여러 방향으로 끌려가는 느낌이 든 그는 지금이 리셋 모멘트 (#6: 재충전의 시간)임을 깨달았다.

그는 휴대폰을 끄고 우편물을 탁자 위에 던져 놓은 뒤 맥스를 데리고 산책에 나섰다. 공원에서 공놀이도 잠시 했다. 이 짧은 휴식이 웃음과 안도감을 안겨 주었다. 그는 재충전되어 집으로 돌아왔다.

에이드리언은 하루를 되돌아보며 모든 도전과 예상치 못한 반전이 자신에게 리셋의 기회, 즉 반사적 반응 대신 의식적 반응을 선택할 기회를 제공한다는 사실을 깨달았다. 인생은 이런 순간들을 피하는 것이 아니라 받아들이고 다스려 나

가는 과정이었다.

"하루를 바꾸는 힘은

매 순간 다시 선택하는 데 있다."

리아의 어떤 날

빠르게 성장하는 기술 기업의 추진력 있는 리더인 리아는 연이은 회의와 의사 결정, 그리고 인력 관리로 분주한 일상에 익숙해 있었다. 하지만 몇 주에 걸쳐 번아웃을 느끼고 항상 뒤처지며 따라잡을 수 없을 것 같은 기분이 들자, 리아는 자기 자신과 약속했다. 앞으로는 리셋 모멘트를 인식하고 포착하기로, 그럼으로써 직장에서는 효과적인 리더로, 가정에서는 존재감 있는 아내와 엄마로서 역할을 다하기로 다짐한 것이다.

어느 날 아침, 리아가 그날의 첫 회의를 준비하기 위해 보고서를 검토하고 있을 때, 막내딸 미아가 블라우스를 잡아당겼다. "엄마, 신발 신는 거 좀 도와줘요." 마음은 이미 다른 곳에 집중되어 있었지만, 리아는 리셋 모멘트(#1: 일은 집을 나선 뒤에 시작하기)를 떠올렸다. 그녀는 보고서를 잠시 내려놓고 미아를 도와주며 짧지만 무척 소중한 모녀 사이의 교감을 형성했다.

회사에 도착했을 때, 리아는 팀원들이 특정 프로젝트의 방향을 놓고 격렬한 토론을 벌이고 있는 것을 보았다. 그녀는 즉시 개입하거나 감정적으로 반응하는 대신 리셋 모멘트(#2: 감정적 반응 완화하기)를 실행에 옮겼다. 그녀는 회의를 잠시 멈추고 5분간 침묵의 브레인스토밍 세션을 갖자고 제안했다. 이러한 분위기 전환 덕분에 모두가 한 발짝 물러서서 생각을 정리하고 건설적으로 의견을 표현할 수 있었다. 몇 분후, 앞으로의 방향을 결정하는 합의된 기준이 마련되었고, 모두 활기차고 생산적인 기분을 느끼며 자리를 떴다.

점심 식사 중, 리아는 한 핵심 공급업체가 계약을 철회했다는 소식을 들었다. 이는 곧 추진 중이던 중요한 출시가 위태로워졌다는 의미였다. 불안감이 고조되는 순간, 그녀는 리셋 모멘트(#3: 통제할 수 있는 것에 집중하기)를 떠올렸다. 다른 선택지를 찾고 외부의 조언을 구하기로 마음먹었다. 그녀는 잠시 밖으로 나가 산책하며 머리를 식힌 뒤, 동료에게 전화를 걸었다. 동료와의 대화를 통해 원래 계획보다 더 나은 창의적인 해결책을 찾을 수 있었다.

늦은 오후, 리아는 큰아들 루커스가 학교에서 가벼운 사고를 당했다는 메시지를 받았다. 공포에 가까운 감정에 압도당하기 직전, 그녀는 리셋 모멘트(#4: 섣불리 단정하지 않기)를 활성화했다. 그러고는 남편에게 가능한 한 일찍 귀가하겠다는 메시지를 남겼다.

퇴근길, 교통 체증에 갇혀 더디게 움직이는 가운데, 그녀의 머릿속은 루커스와 아직 열어 보지 않은 이메일들 사이에서 오락가락했다. 지금이 바로 리셋 모멘트(#5: 일 모드에서 가정 모드로 의식적으로 전환하기)였다. 그녀는 집에 가는 동안 팟캐스트를 들으며 마음을 진정시키기로 했다. 답답했던 퇴근 시간이 휴식과 배움의 시간으로 바뀌었다.

집에 도착하자 아이들이 달려들었다. 루커스는 팔에 작은 반창고를 붙이고 있었지만, 그 외에는 멀쩡했고, 정글짐에 올랐던 이야기를 신나게 늘어놓았다. 미아는 자신이 그린 그림을 들이밀며 엄마의 예술적 평가를 요구했다. 순간 아이들의 에너지와 집안의 소란스러움에 압도될 수도 있었지만, 리아는 리셋 모멘트(#6: 미소 지으며 감사함 느끼기)를 선택했다. 그녀는 루커스를 안아 주며 괜찮은지 확인했고, 미아와 함께 앉아 작품을 칭찬했다. 이메일은 나중에 확인하고 처리하면 될 터였다. 지금은 가족의 시간이었다.

늦은 밤, 남편과 함께 침대에 누운 리아는 이러한 리셋 모멘트가 업무의 거센 파도를 헤쳐 나가도록 도울 뿐만 아니라, 진정으로 중요한 것들, 즉 가족과 개인의 안녕도 소홀히 하지 않도록 해 준다는 점에 관해 이야기했다.

"리셋 모멘트는
삶에서 진정으로 중요한 것을
놓치지 않게 해 준다."

이선의 어떤 날

이선은 여러 부서의 다양한 리더들이 관리하는 여러 프로젝트에 참여하고 있는 다재다능한 직원이었다. 다양한 업무를 동시에 처리하는 능력은 높이 평가받았지만, 서로 경쟁적인 우선순위와 촉박한 마감일 속에서 압박감이 점점 커지고 있었다.

그의 하루는 두 프로젝트 팀에서 각각 '긴급'으로 표시해

퍼붓는 이메일로 시작되었다. 이선은 압박감이 가중되는 느낌이 들었다. 이제 더 이상 이렇게 끌려다녀서는 안 될 것 같았다. 그는 리셋 모멘트(#1: 우선순위 정하기)를 실행했다. 작업에 곧바로 뛰어드는 대신, 잠시 숨을 고르고 우선순위를 정하는 시간을 가졌다. 업무를 긴급성과 영향력에 따라 분류해 목록을 만들고, 프로젝트별로 집중할 시간을 구체적으로 배정했다. 무엇보다 '긴급한 일'로 인해 '영향력이 강한 일'이 밀려나지 않도록 주의를 기울였다. 그리고 각 프로젝트마다 가장 중요한 핵심 과업을 하나씩 명확하게 정의하고 일정에 반영했다. 그렇게 정리하고 나니 혼란 속에서도 분명한 길이 드러났다.

오전에 A팀의 프로젝트 회의에서 마감 기한에 차질을 빚을 수 있는 중대한 문제가 제기되었다. 이선은 이것을 리셋 모멘트(#2: 의견 제시하기)로 판단했다. 그는 이 프로젝트에서 막내에 해당했지만, 주저하지 않고 집중 브레인스토밍 세션을 갖자고 제안했다. 팀원들의 새로운 관점을 끌어내기 위해서였다. 그렇게 협력적인 접근 방식을 취하자 혁신적인 솔루션이 도출되었고, 품질을 희생하지 않으면서도 프로젝트를 순조롭게 진행할 수 있었다.

이후 B팀의 업무로 전환하여 작업을 진행하던 중, A팀으로부터 즉각적인 도움이 필요하다는 긴급한 전화가 걸려 왔다. 이선은 리셋 모멘트(#3: 긴급 대응 원칙 — 일정 협의하기)로 판단했다. 상황을 판단한 결과, A팀의 문제를 지원하게 되면 B팀과의 약속에 심각한 영향을 미칠 수 있음을 깨달았다. 그는 이 상황을 두 팀 모두에 솔직하게 전달하고, 모두가 수용할 수 있는 수준의 일정 조정을 협의했다. 이 정직하고 투명한 의사소통은 기대치를 조율하고 신뢰를 유지하는 데 도움이 되었다.

오후가 되자, 이선은 두 프로젝트의 요구에 따라 서로 다른 방향으로 쏠리면서 집중력이 흐트러지고 있음을 자각했다. 리셋 모멘트(#4: 잠시 쉬어가기)를 실행할 시간이었다. 실로 잠깐의 휴식이 필요했다. 그는 자리에서 벗어나 잠시 산책하며 머리를 식혔다. 이 짧은 휴식으로 재충전한 그는 남은 일과 시간 동안 생산성을 높일 수 있었다.

하루가 끝나갈 무렵, 이선은 리셋 모멘트(#5: 성과 평가하기)를 가졌다. 그는 그날 하루의 성과와 도전 과제를 되돌아보았다. 요즘 업무에 대한 몰입이 조금 떨어진다는 느낌이 들었다. 그러던 중, 그는 다른 사람을 만족시키려는 마음과 분위기를 깨뜨리지 않으려는 태도로 인해 과도하게 일을 떠맡는 경향이 있었음을 깨달았다. 앞으로 업무량을 더 잘 관리하기 위해 두 프로젝트 리더와 현실적인 기대치 및 일정을 설정하는 것에 대해 논의하기로 결정했다. 이러한 사전 예방적 접근 방식이 번아웃을 피하고, 앞으로의 프로젝트를 위한 보다 지속 가능한 균형을 만드는 데 도움이 될 터였다.

이선의 사례는 경쟁적인 우선순위를 관리하는 상황에서 리셋 모멘트가 발휘하는 힘을 잘 보여 준다. 그는 조직화와 협업, 투명한 의사소통, 적절한 휴식, 현실적인 기대치 설정 등의 조치를 취함으로써 회복탄력성과 효율성을 유지하며 다방면에 걸친 역할을 균형 있게 소화할 수 있었다.

"리셋 모멘트는 경쟁하는 우선순위 속에서
주도권을 되찾고 균형을 유지하게 한다."

리셋 실행의 다양한 방식

이들 사례에서 우리는 에이드리언과 리아, 이선이 하루 동안 취한 리셋 모멘트의 횟수뿐만 아니라 그런 순간에 활성화된 다양한 리셋 실행에도 주목할 필요가 있다.

그중 일부는 에이드리언이 기상 시간을 정하거나, 리아가 직장과 가정의 시간을 분리하는 것처럼 능동적이고 의도적인 조치였다. 이러한 조치는 스스로 정한 규칙이지만, 제한을 가하는 규칙은 아니다. 우리의 목표를 지원하고 자신과 상황 사이에 거리를 두도록 돕는 규칙이라는 의미다. 이들은 일종의 경계선 역할을 하며, 불안을 완화하고 스트레스를 받는 상황에서 결정해야 하는 부담을 덜어 준다. 이미 선택해 놓은 것이기 때문이다.

한 동료가 내게 다음과 같이 말한 적이 있다.

'차분할 때 규칙을 정하고, 흥분했을 때 그 규칙을 어기지 말라.'

이러한 규칙은 순간적으로 가장 쉬운 길이 아니라 장기적으로 가장 중요한 것을 따르도록 돕는다. 또한 우리가 어떤 가치를 우선시하고 어떻게 목표를 추구할지 숙고하게 하며, 의사 결정의 피로와 의지력 소모를 줄여 주고 올바른 일에 집중할 수 있도록 해 준다.

앞의 예에서 다른 방법들은 즉각적이거나 또는 대응적인

조치였다. 우리가 통제할 수는 없지만, 대응 방안은 선택할 수 있는 상황이 여기에 해당한다. 예를 들어 에이드리언의 회의 일정이 변경되거나, 리아의 아들이 사고를 당하거나, A팀이 이선에게 즉각적인 도움을 요청하는 등의 경우가 그렇다.

이것이 리셋 실행의 가장 중요한 측면 중 하나다. 리셋 실행은 유연하다. 그래서 어떤 상황에든 맞춰서 적용할 수 있다. 규칙을 적용하거나, 다른 관점을 사용하거나, 막힌 상태에서 벗어날 수 있는 다양한 방법이 있다. 그렇게 명명하기만 하면 된다. 단순하게 들릴 수 있지만, 리셋 실행은 자신만의 방식에서 벗어날 수 있도록 도와주는 두뇌 해킹이다.

또한 리셋 실행은 신체적인 활동을 통해 두뇌와 감정 상태를 리셋하는 '신체 해킹'이 될 수도 있다. 에이드리언이 반려견과 공놀이를 하거나 이선이 잠깐의 산책 시간을 갖는 것 등이 이에 해당한다. 운동을 하거나 수영장에 뛰어들기, 향초 켜기, 가벼운 스트레칭을 하는 것도 마찬가지다. 이렇게 신체를 움직이는 활동은 심리적 자아에 큰 영향을 미칠 수 있다.

따라서 질문을 던지거나 규칙을 만들거나 프레임워크를

활용하거나 습관에 투자하거나 신체 활동을 하거나 만트
라·긍정의 말·영감을 주는 명언을 반복하는 등 다양한 방
법으로 일상에서 스스로를 원하는 모습으로 이끌 수 있다.

"리셋은 상황에 맞게
선택할 수 있는 유연한 도구다."

리셋 연습

▶ 이미 당신의 삶과 일에 녹아 있는 다양한 리셋 실행을 되돌아보라. 언제 타임아웃을 갖는지, 어떤 규칙이나 프레임워크 또는 긍정의 말을 활용하고 있는지 정리해 보라. 그리고 당신의 삶과 일에 어떤 새로운 리셋 실행을 추가하고 싶은지도 정리해 보라.

4

마음을 리셋하라

2020년, 내 클라이언트 중에 강연 및 컨설팅 비즈니스를 성장시키고자 하는 토드라는 사람이 있었다. 그는 몇 주 동안 링크드인LinkedIn(직업, 경력, 업무와 관련된 콘텐츠를 중심으로 소통하는 비즈니스용 소셜 네트워크 서비스)에 게시물을 올리며 관심을 끌기 위해 노력했다. 참여도, 댓글, 긍정적인 상호 작용이 모두 증가하면서 상황이 밝아 보였다.

그렇게 초기 추진력을 얻은 후, 그는 다음 단계로 도약하고 싶었다. 그래서 상당한 비용을 투자해 전문 촬영 장비를 구비하고, 매일 많은 시간을 대본 작성과 영상 편집에 쏟아부었다.

나는 투자수익률에 비춰 볼 때 그 모든 시간과 비용이 그만한 가치가 있는지 의문이 들었다. 토드는 과연 가장 중요한 것에 집중하고 있었을까?

나는 토드에게 그런 영상들을 통해 달성하고자 하는 목표에 대해 생각해 보라고 했다. 토드는 먼저 방어적인 태도를 보였다(우리 대부분이 그렇듯이). 그는 고품질 동영상이 요즘 대세이며, 고객을 확보하려면 그 모든 시간과 비용을 투자해야 한다고 설명했다. 하지만 내가 경험한 트렌드는 달랐다. 당시에는 정확한 통계가 없었지만, 요즘 대부분의 사람들은 자동차를 운전하거나 길을 걷거나 요리하는 등의 일상 속 자연스러운 모습을 즉석에서 촬영한 현실적인 영상을 선호하고 더 많이 시청한다.

나는 그에게 대본 없이 즉흥적인 영상을 시도해 보고, 두 가지 버전을 모두 테스트하면서 각각에 대한 '좋아요'와 댓글 및 상호 작용을 측정해 비교할 것을 제안했다. 그는 마지못해 시도했고, 결과는 놀라웠다. 즉흥적인 영상이 세련되게 제작된 '상업적인' 영상보다 두 배나 많은 상호 작용을 이끌어 냈다.

이후 자료를 찾아보니, 창의적이고 '현실적인' 영상 콘텐츠를 활용한 사용자의 78퍼센트가 사이트 유입이 증가했고, 83퍼센트는 더 많은 잠재 고객을 확보했으며, 44퍼센트는 매출이 증가했다는 설문조사 결과가 있었다.

여기서 중요한 것은 업무 관리와 성과 관리를 구분하는 부분이다. 토드는 영상을 완성하는 데 너무 집중한 나머지 진정한 목표를 놓치고 있었다. 그의 목표는 훌륭한 품질의 영상을 만드는 것이 아니라, 팔로워를 위한 가치를 창출하고 그들을 고객으로 전환하는 것이었다.

토드는 이 통찰 덕분에 이후 몇 주에 걸쳐 주당 열 시간을 절약하게 되었고, 비즈니스와 개인 생활에 접근하는 방식도 완전히 바뀌었다고 했다. 그는 이렇게 말했다.

"업무에 갇혀선 안 된다는 당신의 말을 매일 떠올립니다. 당연히 요즘은 업무 관리에 매몰되지 않도록 주의하며 성과 관리에 주력하고 있습니다. 이제 직장과 가정에서 끊임없이 나의 행동 방식을 점검하며, 가장 가치 있는 일에 집중하고자 합니다."

'두 마리의 토끼를 쫓는 자는 한 마리도 잡지 못한다'라는 말을 떠올려 보자. 토드는 바로 이런 아주 오래되고 흔한 실수를 저질렀다. 엄청난 활동과 노력, 에너지를 쏟아부으면서도 아무것도 얻지 못했던 것이다.

언뜻 보면 이 말은 생산성을 극대화하기 위해 한 마리 토끼만 쫓는 단일 집중을 옹호하는 것으로 해석될 수 있다. 하지만 내가 개인적으로 수년 동안 다양한 토끼를 쫓으면서 깨달은 더 깊은 진실이 있다. 바로 생산성이 요점이 아니라는 것이다.

'쫓는 일'에만 몰두하다 보면 진정한 목표를 놓치게 되고, 쫓는 일 자체가 진정으로 중요한 것에서 우리를 멀어지게 만드는 요인이 된다. 진정한 성과는 토끼를 쫓을 때가 아니라,

토끼를 붙잡았을 때 나온다.

"쫓는 일에만 몰입하는 순간
우리는 목표를 잃게 된다."

똑똑하게 일하는 방식

더 적은 시간과 노력으로 더 많은 토끼를 잡고 싶다면 쫓는 기술을 완벽히 다듬는 데 시간을 낭비하지 말고, 붙잡는 데 집중해야 한다. 이를 비즈니스식으로 표현하자면 '더 열심히가 아니라, 더 똑똑하게 일하라(work smarter, not harder)' 라는 뜻이다.

이 점을 설명하기 위해 나는 강연할 때 재미있는 실험을 한다. 한 명의 지원자를 나오게 해 '보물찾기' 놀이를 시킨다. 지원자가 눈을 감고 있는 동안, 나는 강연장 어딘가에 루빅스 큐브를 숨긴다. 그런 다음 90초의 시간을 주고 그 물건을 찾도록 한다. 청중은 여기저기를 찾아 헤매는 지원자의 모습을 불편한 마음으로 지켜본다.

지원자는 예상대로 큐브를 찾지 못한다. 그때 나는 지원자에서 무엇이 도움이 되었을지 묻는다. 지원자는 (큐브를 찾는다는) 명확한 목표가 있었기에 더 많은 명확성이 필요한 것은 아니다. 그렇다면 더 많은 시간일까? 아니다. 그렇다면 더 빠른 속도일까? 아니다. 그렇다면 더 많은 노력일까? 역시 아니다. 이렇게 열심히 찾고자 하는 무언가를 못 찾는 경우, 당사자는 좌절과 탈진, 외로움만 느낄 뿐이다.

그런 다음 나는 규칙을 바꾼다. 지원자가 다시 움직일 때 청중에게 (숨긴 위치에 가까워지거나 멀어지는 경우) '뜨거워요' 또는 '차가워요'라고 외치라고 한다. 당신도 어린 시절에 이와 비슷한 게임을 해 본 기억이 있을 것이다. 강연장의 분위기가 바뀐다. 마치 TV 프로그램 〈더 프라이스 이즈 라잇The Price Is Right〉에서 참가자들에게 가격을 외치는 청중의 모습과 비슷해진다.

제한 시간은 동일하지만, 이번에는 어떻게 될까? 청중의 '뜨거워요-차가워요' 피드백을 받은 지원자는 단 몇 초 만에 큐브를 찾는다. 구조화된 피드백을 추가하는 작은 변화 하나가 생겼을 뿐인데, 거의 불가능해 보이던 게임이 이렇게 단순해진다. 그 찰나의 순간에 청중의 피드백을 듣고 그에 따라 조정한 덕분이다.

지원자가 청중의 말에 귀를 기울이는 그 찰나의 순간이 무엇인지 알겠는가?

그렇다. 바로 리셋 모멘트다. 이 게임에서는 리셋 모멘트가 실시간으로 발생한다. 지원자는 몇 걸음마다 잠시 멈춰서 청중의 말을 듣고, 청중의 관점을 파악하고, 필요에 따라 방향을 재정렬한다. 그리고 예외 없이 지원자는 기록적인 시간 안에 숨겨진 큐브를 찾아낸다.

리셋 마인드셋은 '더 열심히가 아니라, 더 똑똑하게 일하라'의 궁극적인 버전이다.

"더 열심히가 아니라
더 똑똑하게 일하라."

리셋 마인드셋의 신념

1장에서 나는 마인드셋을 컴퓨터 운영 체제에 비유했다. 마인드셋에 대해 이해하는 또 다른 방법은 각 신념 군집을 하나의 필터로 보는 것이다. 우리는 이 필터를 통해 세상을 보고, 모든 정보를 받아들인다. 이러한 신념 필터는 '무엇을 생각하는지'뿐만 아니라 '어떻게 생각하는지'에도 영향을 미친다. 어떤 필터를 선택하느냐에 따라 우리의 마음과 세상, 그리고 비즈니스가 열릴 수도 있고, 반대로 크게 막힐 수도 있다.

다음은 리셋 마인드셋을 구축하면 경험하게 될 몇 가지 필터다. 이러한 사고방식, 즉 신념의 군집이 바로 이 작업을 하는 진정한 목적이다.

1. 변화는 늘 일어난다.
2. 가능성에 열린 마음을 가져라.
3. 실패란 없다. 피드백이 있을 뿐이다.
4. 긍정적인 의도를 가정해야 한다.
5. 리스크는 행운을 높인다.
6. 내려놓을 줄 알아야 한다.

"신념 필터는 생각의 내용뿐 아니라
사고의 방식도 결정한다."

변화는 늘 일어난다

변화는 우리의 일정에 맞춰 일어나지 않는다. 피터 드러커 Peter Drucker는 '격변의 시대에 가장 큰 위험은 격변 그 자체가 아니라, 어제의 논리로 행동하는 것이다'라고 말했다. 나는 여기에 '격변의 시대'는 예외가 아니라 규칙이라고 덧붙이고 싶다. 변화는 항상 다가올 뿐 아니라 항상 일어나고 있다. 우리가 변화를 인식하고, 나아가 그에 적응하기를 원한다면 먼저 그것을 그대로 받아들이는 것부터 시작해야 한다.

더욱 적극적인 차원에서, 리셋 마인드셋은 변화에 대응할 준비를 하게 할 뿐 아니라, 변화를 스스로 주도적으로 실행하도록 도와준다. 어차피 변화가 일어날 것이라면 그 변화를 주도하는 것은 어떨까? 나아가 변화의 원인이 되는 것은 어떨까?

또한, 주변 환경만 변하는 것이 아니라는 점을 깨달아야 한다. 원하든 원치 않든 당신 자신도 변한다. 피할 수 없는 변화다. 그렇다면 변화를 포용하는 게 어떨까? 자신을 재창조하고, 개선하고, 배우고, 제약을 촉매로 바꿀 기회를 붙잡는 게 어떨까?

‘변화는 늘 일어난다’라는 필터를 통해 세상을 바라보는 것, 그것이야말로 효과적인 리더가 되는 가장 확실한 방법 중 하나다.

"변화에 대응하는 것을 넘어
변화를 주도하라."

가능성에 열린 마음을 가져라

이 필터는 기존의 가정에 의문을 제기하고, 현상 유지에 도전하며, 처음에는 인기가 없거나 불편하게 느껴질 수 있는 기회를 기꺼이 고려하도록 돕는다.

1921년, 텍사스주 댈러스의 커비스 피그 스탠드^{Kirby's Pig Stand}는 ‘차 안에서 즐기는 근사한 식사’라는 슬로건을 내세웠다. 실내 공간을 갖추지 못한 가판형 식당이었기에 종업원들이 음식을 고객의 차로 가져다주는 ‘카홉^{carhop}’ 서비스를 운용했다. 커비스는 이 모델로 어느 정도 성공을 거두고 있었는데, 창업자 제시 커비^{Jesse Kirby}는 한 가지 흥미로운 트렌드를 발견했다. 사람들이 차 안에서 식사하는 것을 참아 내는 게 아니라, 오히려 식당 안으로 들어서는 것보다 더 선호한다는 사실이었다.

커비는 많은 업계 관계자들이 비웃는 가운데서도 과감한 도전에 나섰다. 세계 최초의 드라이브 스루 창구를 연 것이다. 그야말로 업계의 판도를 바꾸는 '게임 체인저'였다. 오늘날 드라이브 스루는 어디에나 있다. 맥도날드는 드라이브 스루가 전체 매출의 약 70퍼센트를 차지한다고 보고한다.

이 모든 것이 제시 커비가 가능성에 열린 마음을 갖고 '다른 방법은 없을까?'라는 질문을 던진 덕분이다.

"기존의 가정에
의문을 제기하라."

실패란 없다. 피드백이 있을 뿐이다

작가 로버트 앨런Robert Allen은 '실패란 없다. 피드백이 있을 뿐이다'라고 말했다. 이와 같은 생각을 표현한 다른 말이 얼마든지 있다는 사실은 당신도 잘 알 것이다. 몇 가지 예를 들어 보자.

- 헨리 포드Henry Ford: 실패는 더 현명하게 다시 시작할 수 있는 또 다른 기회다.
- 새뮤얼 베케트Samuel Beckett: 시도했는가. 실패했는가. 상관없다. 다시 시도하라. 다시 실패하라. 더 낫게 실패하라.
- 동양 속담: 일곱 번 넘어지고 여덟 번 일어난다.

이 표현들 가운데서도, 실패를 피드백으로 재구성한 로버트 앨런의 표현이 리셋 마인드셋에 가장 잘 부합한다. 이 필터를 통해 세상을 바라보면 좌절은 결코 끝이 아님을 깨닫게 될 것이다. 오히려 기회다. 성장하고 배울 수 있는 기회다.

비즈니스와 인생에서 우리는 '실패자'라는 꼬리표가 붙는 것을 두려워한다. 하지만 리셋 마인드셋을 갖추고 나면 더 이상 실패자가 될 수 없다. 실패를 경험하지 않기 때문이 아니라(당연히 겪게 될 것이다), 모든 실패 속에 숨겨진 선물인 피드백을 발견할 수 있기 때문이다. 이후로 실패는 좌절과 수치로 점철된 종착점에서 압도적인 흥분을 안겨 주는 추진력의 원천으로 변모할 것이다.

마인드셋의 진정한 시험대는 자존심을 제쳐 두고 피드백을 있는 그대로, 즉 지침으로 받아들일 수 있느냐에 달려 있다.

보물찾기의 '뜨거워요-차가워요' 예시를 기억하는가? 그 게임의 공동 목표는 지원자를 계속 실패하게 만드는 것이 아니라, 피드백을 받고 그에 따라 행동하도록 돕는 것이었다. 다시 말해 효과적으로 목표에 도달하도록 유도하는 것이었다. 누군가가 '차가워요'라고 소리친다고 해서 실패가 되는 것은 아니다. 피드백일 뿐이다.

"실패는

방향을 알려주는 피드백이다."

긍정적인 의도를 가정해야 한다

나의 경우, 이 필터는 직원과의 갈등, 사업상의 좌절, 심지어 친구와의 불편한 관계 등 수많은 부정적인 상황을 긍정적으로 바꾸는 데 도움이 되었다.

예를 들어, 나는 GfK 경영진의 한 동료('피에르'라고 하자)와 적대적인 관계에 있었다. 처음에 피에르를 겪으며, 나는 그가 CEO 자리를 노리며 자신의 이익만 추구한다고 믿게 되었다. 그런 그와 함께 일하는 것은 감정적으로 지치게 만들었고, 전투적이며 비생산적이었다.

그러던 중 코치를 만나고 나서 나 역시 문제의 일부라는 사실을 깨달았다. 나는 피에르가 미팅을 취소하거나 팀원 중 한 명을 대신 보내야 했을 때 그의 의도를 나쁘게만 해석했다. 나는 최악의 상황을 가정하며 나를 무시하는 행위로 받아들였고, 그럴 때마다 우리 사이의 벽은 점점 더 높아졌다.

코치는 내가 리셋 시간을 갖고 피에르의 관점으로 상황을 볼 수 있도록 도와주었다. 그는 나를 괴롭히려는 게 아니었다. 그에게도 나름의 압박과 어려움이 있었을 뿐이었다.

그렇게 마인드셋을 바꾼 후로는 어떤 상황이든 개인적으로 받아들이지도, 무조건 부정적으로 반응하지도 않았다. 그러면서 스트레스를 덜 받고 함께 일하는 것에 대해 더 낙관적으로 생각하게 되었다. 좌절감과 분노, 원망의 먹구름이 걷히자 함께 일하는 것이 훨씬 수월해졌다.

놀랍게도 내가 행동을 바꾼 지 얼마 지나지 않아 그도 행동을 바꿨다. 이것이 바로 긍정적인 의도를 가정하는 것의 힘이다.

심리학자 브레네 브라운Brené Brown 박사는 저서 《대담하게 리드하라Dare to Lead》에서 다음과 같이 말했다.

'대담한 리더는 사람들이 최선을 다하고 있다고 가정하며 일하지만, 자아나 방어 기제, 역량 부족 등으로 어려움을 겪는 리더는 그렇게 가정하지 않는다.'

경험을 통해 나는 사람들의 의도를 선의로 해석하는 것은 사람 그 자체가 아닌 결과나 격차 또는 행동에 집중하게 된다는 것을 배웠다.

다른 사람의 행동이나 말, 의도를 관대하게 해석하는 것은 배우거나 실천하기에 쉬운 일은 아니지만, 더 행복한 삶을 살고 싶다면 비즈니스와 일상에서 반드시 필요한 태도다. 이 필터는 갈등을 줄이고, 관계를 강화하며, 더 깊이 있는 공동체 의식을 형성한다. 믿어도 좋다. 이 접근 방식은 대립을 피하거나 갈등을 무시하는 것보다 훨씬 효과적이다. 특히 어떤 접근 방식을 취하든(긍정적이든 부정적이든) 거의 항상 증폭되어 자신에게 돌아올 것이기 때문이다.

이와 관련해 아메리칸익스프레스^{American Express}의 전 CEO 켄 셔놀트^{Ken Chenault}는 '상대의 의도를 선의로 가정할 때, 우리는 더 나은 소통과 이해를 위한 공간을 만들어 낼 수 있다'라고 말한다. 공통점을 찾고, 다른 사람의 관점을 경청하고, 오해의 원인을 파악하고, 타협할 수 있는 열린 마음을 갖는 것이 그만큼 중요하다는 뜻이다. 상호 이익이 되는 해결책은 분명히 존재하며, 리셋 마인드셋을 통해 우리는 그것을 찾을 수 있다.

> "상대의 의도를 선의로 가정하는 순간
> 갈등은 줄어들고 관계는 개선된다."

리스크는 행운을 높인다

'리스크'와 '행운'은 기업과 리더들 사이에서 금기시되는 단어였다. 리스크는 위험을, 행운은 무능을 의미했기 때문이다.

하지만 리스크는 정상적일 뿐만 아니라 필수적인 요소다.

2014년 존스홉킨스 대학교 졸업식 연설에서 유튜브의 전 CEO 수전 워치스키^{Susan Wojcicki}는 다음과 같이 말했다.

'인생에서는 늘 완벽한 시기에 완벽한 기회가 제공되는 것이 아니다. 기회는 예상하지 못했거나 준비되지 않았을 때 찾아오는 경우가 많다. 노란 리본이 달린 멋진 작은 상자에 담겨 완벽하게 제공되는 경우는 거의 없다. 좋은 기회는 대개 지저분하고 혼란스러우며 알아차리기 어렵다. 리스크를 내포하며, 도전장을 내밀기도 한다.'

리셋 마인드셋을 통해 비즈니스와 삶을 바라보면 계산된 영리한 리스크인지, 단순히 무모한 리스크인지 구분할 수 있게 된다. 그리고 포커에서처럼 손에 쥔 패로 완벽하게 플레이했는데도 마지막 카드가 엉뚱하게 나오는 경우처럼 가끔 '패배하는' 상황이 발생하기도 한다. 그렇다고 해서 그 리스크를 감수한 선택이 나쁘거나 잘못된 것은 아니다.

리스크를 감수하거나 베팅을 하는 것과 관련해 잊지 말아야 할 또 한 가지는 플레이하지 않으면 이길 수 없다는 사실이다. 이미 카드를 접은 상황에서는 마지막 카드가 안겨 주는 '행운'의 주인공이 될 수 없다.

스토아 철학자 세네카^{Seneca}는 '행운이란 준비와 용기가 기회를 만날 때 생기는 것'이라고 말했다. 특히 이미 실패를 피드백으로 재구성했다면 현명한 리스크 감수는 더 이상 당신을 마비시키지 못한다. 커비의 드라이브 스루 창구 사례를 떠올려 보자. 지금에 와서는 그 선택이 성공적일 것임을 분명히 알 수 있지만, 당시 커비는 큰 리스크를 감수하는 셈이었다. 물론 계산된 영리한 리스크이긴 했지만, 그의 드라이브 스루 창구는 실패할 수도 있었다.

그는 그저 운이 좋았던 것일까? 질투심 많은 경쟁자라면 그렇게 생각할 수도 있겠지만, 사실 커비의 행운은 리스크를 감수하고 얻은 결과다.

"리스크를 감수하지 않으면
행운도 없다."

내려놓을 줄 알아야 한다

2008년, 이혼으로 인한 감정적 혼란으로 힘들어하고 있을 때 한 친구가 일기를 써 보라고 권했다. 특히 남편이 나에게 어떻게 잘못했는지 자세히 적어 보라고, 마음속에 쌓인 감정을 모두 쏟아 내라고 했다.

나는 그 조언을 받아들여 일기를 쓰기 시작했지만, 본능적으로 그렇게 분노에 집중하는 방식이 옳은 것인지 의문을 품지 않을 수 없었다. 우리가 집중하는 것은 확장되기 마련이다. 그런 식으로 글을 쓰면 그저 분노와 원망으로만 가득 차게 된다는 것을 알았다. 그런 방식은 내 자존심을 내려놓고 나 자신과 아이들, 그리고 동료들을 위해 좋은 결정을 내리는 데 도움이 되지 않을 터였다. 중요한 것은 '옳은 사람이 되는 것'이 아니라 '옳은 결정을 내리는 것'이었다.

옳은 결정을 내리려면 내가 옳다는 생각을 내려놓아야 한다. 나 자신보다 더 큰 목적에 집중하면 내려놓기가 훨씬 수월해진다.

오프라 윈프리^{Oprah Winfrey}의 〈슈퍼 소울 선데이^{Super Soul Sunday}〉 시리즈에 출연한 세라 본 브래넉^{Sarah Ban Breathnach}의 단순한 풍요에 관해 이야기하는 내용을 들으며, 나는 감사의 힘을 다시금 깨닫게 되었다. 그래서 매일 일기를 쓰면서 감사한 세 가지를 적기로 결심했다. 그리고 이 습관은 내 삶을 구원했다. 세 가지를 찾기 어려운 날도 있었지만, 더 많이 찾으려할수록 더 많이 발견할 수 있었다. 나는 그런 일기 쓰기를 10년 동안 꾸준히 유지했다.

하지만 어느 순간, 일기를 쓰는데도 감정적인 연결이 예전 같지 않다는 것을 느꼈다. 일기가 나 자신을 돕기 위해 하는 무언가가 아니라 의무처럼 해야 하는 활동이 되어 버렸다. 감사의 힘에 연결되는 그 요소를 되찾으려면 뭔가 다른 것을 해야 한다는 것을 알았다. 그래서 일기를 내려놓았다.

나는 '잘 작동하는 것'도 언젠간 작동하지 않을 수 있다는 사실을 배웠고, 그것이 여전히 의도대로 작동하는지 지속적으로 점검해야 한다는 것을 깨달았다.

그래서 변화를 가했다. 일기를 쓰는 대신, 감사한 마음을 불러일으키는 활동을 다양하게 시도하기로 했다. 사람들에게 편지를 쓰기 시작했고, 저녁 식탁에 둘러앉아 감사한 일을 서로 나누었으며, 잠든 아이들의 귀에 대고 그들의 장점을 속삭였고, 하루에 세 차례씩 주변 사람들에게 의도적으로 칭찬을 건네도록 노력했다. 그리고 이건 반드시 기억해야 한다. 감사를 느끼는 또 다른 확실한 방법은 있는 그대로 받아들이고, '그래야 마땅하다고 생각하는 것'을 내려놓는 것임을 말이다.

가족, 재정, 경력 등 모든 것을 잃어 가는 것처럼 느껴졌던 가장 어두운 순간에도 나는 감정과 선택, 가장 중요한 것들과의 연결을 다시 통제하기 위해 애썼다. 하지만 그러기 위해서는 미래의 결과에 대한 기대를 내려놓아야 했다. 아이들의 아빠가 아빠 노릇을 적절히 하지 않는 경우 느낄 수 있는 실망과 분노, 좌절감을 피하고자 그에 대한 기대도 내려놓아야 했다. 아이들에게 좋은 모습을 보이려면 무엇보다 분노를 내려놓아야 했다. 그리고 사람들이 어떻게 생각할지에 대한 걱정도 내려놓아야 했다. 그냥 내려놓는 것, 그것뿐이었다.

이것이 바로 리셋 마인드셋 구축에 따르는 가장 큰 혜택 중 하나다. 자기 자신에게 '내려놓을 수 있는 용기'를 주는 능력 말이다.

내려놓음으로써 우리는 열린 마음과 가능성, 겸손을 받아들일 수 있다. 오래된 것을 내려놓을 때 새로운 것이 들어올 공간이 생긴다. 내려놓으면 부정적인 경험을 재구성하여 과거의 실수에 끌려다니는 상황에서 벗어날 수 있다. 또한 비현실적인 기대를 버리고 바꿀 수 없는 것들을 포기할 수 있다. 내려놓음은 안정과 안도감, 정서적 균형을 안겨 준다. 내려놓으면 자유로워지고 마음이 열린다.

내려놓을 때 내가 가진 것은 오직 현재뿐이라는 것을 깨닫게 된다. 그리고 그것만으로 충분하다는 사실도 알게 된다.

"잘 작동하는 것도
언젠가는 작동하지 않을 수 있다.
따라서 그것이 여전히 의도대로 작동하는지
지속적으로 점검해야 한다."

▶ 리셋 마인드셋의 여섯 가지 신념을 다시 살펴보고, 그것이 당신의 삶에서 어떻게 드러나고 있는지 되짚어 보라.

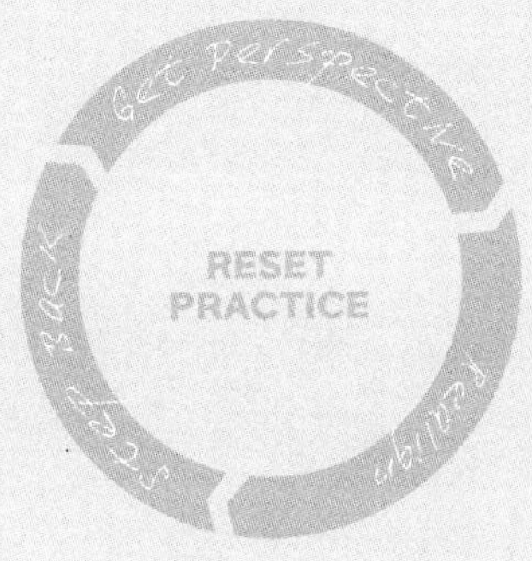

RESET
MINDSET

5

한 번에 하나의 리셋 모멘트

Step Back!
Get Perspective!
Realign!

알베르트 아인슈타인Albert Einstein은 복리 체계(이미 발생한 이자를 원금에 더해 다시 이자를 붙이는 방식)를 '우주에서 가장 거대한 힘'이라고 칭송한 적이 있다. 1장에서 밝혔듯이, 나는 수년간 회사를 운영해 성공시켰지만 번아웃을 겪었고, 이후 GfK에 합류해 거기서 또 한동안 힘겨운 시간을 보냈다. 새로운 직장이 상황을 개선해 줄 거라고, 나를 더 나은 사람으로 만들어 줄 거라고 믿었지만 착각이었다.

결국 존 카밧진Jon Kabat-Zinn의 유명한 말처럼 '어디를 가든 거기엔 나 자신이 있기 마련'이었다. 문제는 외부에 있지 않았다. 스트레스, 불안, 통제력 상실, 그 모든 것이 매년 나의 내부에서 복리처럼 쌓여, 겹겹이 더해지고 있었다.

복리의 원리는 금융뿐 아니라 삶의 모든 측면에 적용될 수 있다. 그리고 그 효과는 당신에게 유리하게도 불리하게도 작용할 수 있다.

내가 그만두겠다고 말했을 때, 피터는 '페니, 난 결정을 내리라고 당신을 고용한 겁니다. 나머지 시간을 어떻게 쓸지는 당신의 자유예요'라고 말했다.

나는 피터의 코칭과 내 문제들이 쌓여 온 과정을 되새겨 보았다. 그러자 '80:20 법칙', 즉 파레토 법칙Pareto principle이 떠올랐다. 파레토 법칙은 1897년 빌프레도 파레토Vilfredo Pareto가 경제 시스템에 이 비율을 적용하면서 알려진 개념으로, 어떤 사건 결과(산출)의 80퍼센트가 그 원인(투입)의 20퍼센트에서 비롯된다는 것이다.

내 역할에 적용해 보면, 나의 행동과 결정이 전체 결과의 80퍼센트를 만들어 내는 20퍼센트였다. 하지만 나는 그동안 80퍼센트의 시간을 쓰면서도, 고작 20퍼센트만을 움직이고 있었다.

두 가지 구체적인 예를 들어 보겠다. 첫 번째는 듀폰DuPont 에서의 경력을 포함해 23년간 CEO로 일한 에드 브린Ed Breen 의 이야기다. 그는 오랜 기간 CEO로 일하면서 내린 결정 중 정말 중요한 것은 고작 15개 정도에 불과했다는 유명한 말을 남겼다. 물론 그는 매일 결정을 내렸지만, CEO의 진정한 역할은 가치 창출의 전환점을 만드는 그 소수의 중요한 결정을 내리는 데 있다. 유능한 CEO는 핵심적인 20퍼센트에 집중해야 한다는 것을 안다.

두 번째 예다. 10년 만에 애플에 복귀한 스티브 잡스Steve Jobs는 회사를 회생시키며 주가를 9,000퍼센트 이상 끌어올렸다. 잡스가 취한 변혁이 무엇이었길래 이러한 변화가 가능했을까? 바로 집중이었다. 당시 애플은 350개의 프로젝트를 진행 중이었다. 잡스는 이를 50개로 줄였고, 그럼에도 파레토 법칙이 작동하기에 충분치 않은 것으로 판단되자 다시 10개로 줄였다. 350개에서 단 10개로. 이 집중 전략이 9,000퍼센트의 성장을 불러온 것이다.

이것이 바로 리셋 마인드셋의 실질적인 적용이다. 가장 중요한 20퍼센트에 지속적으로 재정렬하고 다시 초점을 맞추면 복리 효과를 창출할 수 있다. 잡스가 350개에서 50개로, 50개에서 10개로 줄인 것처럼, 당신도 리셋 마인드셋을 통해 결정을 검토하며 핵심 20퍼센트를 찾아내길 바란다. 그런 다음, 그 핵심 20퍼센트를 실행에 옮기고, 그 안에서 다시 핵심의 핵심, 즉 또 다른 20퍼센트를 찾아내라. 이 과정을 반복하다 보면 복리처럼 효과가 누적된다. 그 효과는 당신 안에서만 작용하는 것이 아니라 주변의 모든 사람에게도 영향을 미친다.

모든 구성원들이 자신만의 20퍼센트의 20퍼센트 찾기를 열 번, 스무 번, 혹은 칠백 번 반복하는 회사를 상상해 보라. 점점 작아지는 것처럼 들릴지 모르지만, 실제로는 점점 더 효과적으로 성장한다. 당신은 '복리적 실천'을 통해 스스로를 증폭시키고 있는 것이다.

80:20 법칙은 복리의 힘과 결합되면 리셋 실행을 구체적으로 그려 볼 수 있는 가장 기본적이고 실질적인 방법이 된다. 3단계(재정렬하기)를 수행할 때, 내가 재정렬해야 할 20퍼센트가 무엇인지 스스로 명확히 자문하라.

이 책 전반에 걸쳐 강조했듯이 리셋 마인드셋과 관련 도구의 영향은 비즈니스나 업무에만 국한되지 않는다. 건강, 인간관계, 재정, 영성, 친절 등 삶의 여타 영역에서도 20퍼센트를 찾아서 재정렬하면 똑같은 복리적이고 증폭적인 효과가 발생한다. 일터에서와 마찬가지로 삶과 인간성의 성장이 기하급수적으로 이루어질 수 있다. 노력이 아니라 장기적인 영향력으로 이루는 성장이다. 단순하고 반복 가능하다.

각 단계를 밟을 때마다 우리는 복리적 가치를 실현하는 동시에 우리가 통제할 수 있는 것에 집중할 수 있다.

"리셋 실행은
단순하고 반복 가능하며
할수록 더 강해진다."

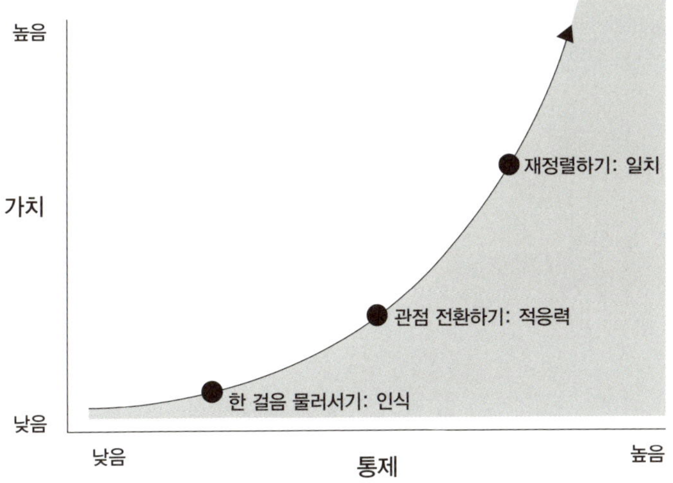

그림 4. 리셋 실행의 가치 사다리: 한 걸음 물러서기, 관점 전환하기, 재정렬하기가 이어질수록 통제 범위와 가치가 함께 상승한다. 반복될수록 복리처럼 작용해 더 큰 효과를 만들어 낸다.

리셋 실행의 가치 사다리

위 그림(그림 4)을 세 단계 리셋 실행을 활용하는 리더십의 가치 사다리로 생각해 보라. 이 실행의 각 단계가 어떻게 서로를 기반으로 하고 각 리셋 모멘트에 따라 어떻게 더욱 복리적으로 작용하는지 주목하라.

인식은 적응력을 강화하며, 그것은 곧 일치로 이어진다. 지속적으로 재정렬할수록 가치 축과 통제 축이 모두 증가하는 것은 결코 우연이 아니다.

에이드리언과 리아의 사례를 떠올려 보라. 그들이 적용한 리셋 실행의 범주 중 하나는 '규칙'이었다. '첫 알람에 일어나기'나 '일은 집을 나선 뒤에 시작하기' 등과 같은 규칙 말이다. 80:20 법칙도 이와 다르지 않다. 중요한 것은 규칙에 담긴 원칙, 그리고 그 규칙이 어떻게 집중력과 통제력, 선택의 가치를 극대화하느냐이다.

행동과 상호작용을 보다 목적의식 있게 하는 데 도움이 되는 규칙은 무엇이든 만들고 설정할 수 있다. 무엇이 자신에게 효과적인지, 무엇에 자신이 가장 잘 반응하는지 가장 잘 아는 사람은 바로 자기 자신이다.

예를 들면, 미국의 전 국무장관 콜린 파월Colin Powell 장군에게는 40-70 규칙이 있었다. 그는 너무 성급한 결정을 피하고 '분석 마비'에 빠져들지 않기 위해 이 규칙을 만들었다. 그는 필요한 정보의 40퍼센트 이상이 확보되기 전에는 결정을 내리지 않았고, 마찬가지로 필요한 정보의 70퍼센트가 확보된 후에는 결정을 미루지 않았다. 70퍼센트 이상만 확보하면 적절한 선택을 할 수 있다고 본 것이다.

40과 70이라는 숫자 자체에 특별한 마법이 있는 것은 아니다. 파월 장군은 자신의 성격과 감성 지능, 책임감에 맞춰 이 프레임워크를 설정한 것뿐이다.

규칙은 행동과 의사 결정을 안내하는 구조화된 틀을 제공함으로써 리셋 실행의 역할을 한다. 의도를 가지고 구조화하기만 하면, 삶과 업무 흐름에 맞는 어떤 실행이든 만들어 적용할 수 있다.

"규칙은 행동과 의사 결정을 안내하는
구조화된 틀을 제공한다."

즉각적 성취

리셋 실행에 대해 생각하는 또 다른 매우 실용적인 방법은 '즉각적 성취Quick Win'의 결과에 집중하는 것이다.

미 해군 제독 윌리엄 H. 맥레이븐William H. McRaven은 한 졸업식 연설에서 다음과 같은 유명한 말을 남겼다.

"세상을 바꾸고 싶다면 침대를 정리하는 것부터 시작하세요."

맥레이븐 제독의 조언은 '즉각적 성취'의 완벽한 예다. 금방 달성할 수 있는 간단한 과제로 하루를 시작하면 즉시 성취감과 자부심을 얻을 수 있다. 그리고 복리 효과와 마찬가지로 또 다른 과제들에 연속적으로 도전하고 싶은 열망이 생기게 된다.

맥레이븐 제독은 여기에 더 깊은 요점을 덧붙였다.

"침대 정리는 인생의 사소한 일들이 중요하다는 사실을 다시금 일깨워 줄 겁니다. 작은 일을 제대로 하지 못하면 큰일도 제대로 할 수 없는 법입니다. 그리고 혹시 끔찍한 하루를 보낸 경우라도 집에 오면 자신이 직접 정리한 침대가 기다리고 있겠지요. 그렇게 정리된 침대는 내일은 더 나을 것이라는 희망과 용기를 줍니다."

지구상에서 가장 강인한 사람들에 속하는 네이비실도 매일 아침 가장 먼저 침대부터 정리하도록 훈련받는다. 여기에도 규율의 요소가 있는데, 리셋 모멘트를 취하고 만드는 데 필요한 것과 같은 종류다.

넷플릭스를 창업하기 전, 리드 헤이스팅스Reed Hastings는 야

근이 잦고 커피를 많이 마시는 젊은 엔지니어였다. 그는 작업대 위에 머그잔들을 어지럽혀 놓고 퇴근하곤 했는데, 다음 날이면 항상 잔들이 깨끗하게 씻겨서 제자리에 놓여 있었다. 헤이스팅스는 청소 직원이 다녀간 줄로만 알았다. 그런데 어느 날 아침, 평소보다 일찍 출근한 그는 회사 CEO가 머그잔들을 씻고 있는 모습을 보았다. CEO는 말했다.

"당신은 회사를 위해 정말 많은 일을 하고 있어요. 이 정도는 내가 해 줄 수 있는 최소한의 일이죠. 난 매일 아침 출근하면 이 일부터 합니다."

이 말이 헤이스팅스에게 얼마나 큰 영향을 미쳤을지 상상해 보라. CEO에서 헤이스팅스로, 그리고 다시 다른 직원들에 이르기까지 얼마나 많은 충심과 감사가 복리처럼 축적되었을까? 물론 이것은 CEO 본인에게도 매일 아침 상당히 의미 있는 즉각적 성취가 되는 순간이었을 것이다.

즉각적 성취는 노력에서 영향으로 초점을 전환할 수 있는 간단한 방법이다. 리더로서 이를 활용하면 복리 효과처럼 상당한 추진력을 구축할 수 있으며, 특히 당신의 20퍼센트에 해당하는 업무와 인력에 집중해 활용하면 더욱 큰 추진력을 얻을 수 있다. 사기를 높이는 동시에 매일의 진척을 가시화할 수 있는 방법이다.

"작은 성취 하나가

하루의 방향을 바꾼다."

근본 원인을 찾아라

리셋 마인드셋의 또 다른 이점은 지속적인 문제의 '근본 원인'을 파악하는 데 훨씬 유리하다는 것이다.

우리는 흔히 직장이나 가정에서 문제의 증상만을 다루고 실제 문제를 파악하기 위한 노력은 기울이지 않는다. 눈앞에 드러난 문제가 진짜 문제가 아닌 경우가 많은데도 말이다. 증상이 진실의 방향을 가리킬 수는 있지만, 근본 원인을 해결하지 않고 증상만 고치면 그로 인한 완화 효과는 일시적일 뿐이다.

최근 한 동료가 아들이 D로 가득 찬 성적표를 가져왔다며 내게 답답함을 토로했다. 이 아이는 원래 성적이 좋은 학생이었는데, 동료는 곰곰이 생각해 보고 지난 몇 달 동안 교과서를 집에 가져오는 것을 거의 본 적이 없다는 사실을 깨달았다. 처음에는 아들을 혼내고 싶었지만, 그녀는 잠시 시간을 갖고 다른 요인이 있는 건 아닌지 짚어 보았다. 무엇이 달라진 걸까?

그녀는 아들과 이야기를 나눈 후 담임 선생님과 상담했다. 그 결과 학교에서 거의 모든 숙제를 온라인으로 전환했고, 교과서는 단계적으로 폐지되고 있다는 사실을 알게 되었다. 아들이 갑자기 공부에 흥미를 잃거나 산만해진 것이 아니라 단순히 숙제 방식이 바뀐 것뿐이었다. 이 근본 원인을 파악한 후 동료와 아들은 공부 시간표와 방법을 조정했고, 몇 주 만에 성적은 다시 올라갔다.

리셋 모멘트를 취해 질문을 던지는 것은 겉으로 드러난 문제와 실제 원인 사이의 관계를 파악하는 데 도움이 된다. 설령 불필요하게 느껴지는 순간이 오더라도, 한 발짝 물러설 때마다 시야가 확장된다는 사실을 반드시 기억하라.

도요타Toyota는 문제의 근본 원인을 파악하기 위한 방법으로 '5-Why' 기법을 개발했다. 이 기법은 말 그대로 '왜?'라는 질문을 다섯 번 던지며 답을 찾아가는 방식이다. '왜?'라는 질문을 던질 때마다 우리의 대화는 표면적인 문제에서 벗어나 더 깊은 원인으로 파고들게 된다. 이 과정을 거듭하다 보면 겉으로 드러난 문제에 대한 상대적 관점을 얻게 되고, 결국 근본 원인을 찾을 수 있다. 이것이 바로 관점 전환의 힘을 보여 주는 한 예다.

만일 팀원 중 한 명이 갑자기 마감일을 놓치기 시작하거나 회의가 비효과적으로 길어지기만 한다면 단순히 반응하는 선에서 그치지 말고 근본 원인을 파악하는 방식으로 대응하라. 그렇게 해야 뿌리까지 파헤쳐서 문제의 진짜 원인을 영구적으로 제거할 수 있다. 이 지점에 도달할 때까지 계속해서 리셋하라.

"문제를 해결하려면
근본 원인을 파악해야 한다."

조기 감지 시스템

1912년 4월 14일, 영국 사우샘프턴에서 출발한 타이타닉호가 첫 항해에 나선 뒤 맞은 일요일. 선장 에드워드 J. 스미스^{Edward J. Smith}는 배를 점검하는 등 평소와 같은 일요일 일과를 수행했다. 하지만 그는 예정된 안전 훈련을 실시하는 대신 예배를 인도했다. 그런 다음 항해사들과의 회의를 주재하며 배의 항로와 속도를 조정했다. 그들은 최대 속도인 22노트로 계속 항해하기로 했다.

해가 지자 기온이 영하로 떨어져 해수면은 유리처럼 매끈해졌고, 승무원들이 빙산을 식별하기 매우 어려운 상황이 되었다. 하지만 스미스 선장은 빙산이 발견되더라도 승무원들이 제때 대응할 수 있을 것이라 믿고 계속해서 배를 전속력으로 운항했다. 불행히도, 우리 모두가 알다시피 스미스 선장의 판단은 틀렸다.

조기 감지 시스템으로 마련된 여러 안전 절차들이 모두 무시되거나 아예 감지되지 않았다. 무선으로 들어온 빙원 경고 메시지는 어찌 되었을까? 잘못된 식별 코드로 인해 무시되었고, 대신 승객들의 개인 메시지들이 우선 처리되었다. 평소 같으면 전망대 감시원의 손에 들려 있었을 쌍안경은 어찌 되었을까? 열쇠를 가진 장교가 항해에서 제외되는 바람에 쌍안경은 잠긴 보관함 안에 놓여 있었다. 그때 누구도 여분의 열쇠나 쌍안경을 챙겨야 한다는 생각을 하지 못했다.

경고 지표에 주의를 기울이는 것의 중요성은 아무리 강조해도 지나치지 않다. 성공과 실패가 여기서 갈릴 수 있기 때문이다(타이타닉의 경우, 삶과 죽음의 차이를 의미하기도 했다).

오늘날의 많은 리더들이 리더십을 발휘할 시간이 없다고 말한다. 일대일 미팅을 취소하고, 숫자를 지나치게 강조하고, 팀의 책임 의식 부족을 방치하고, 단순화 대신 더 많은 활동을 추가하는 것은 안전 점검을 놓치는 것과 같다. 리셋 모멘트는 바로 그러한 안전 점검이다.

폴 오닐을 다시 언급하자면, 안전에 대한 그의 명확한 집중과 정렬은 모든 사람에게 조기 발견에 참여할 권한과 역할을 부여했다. 상황을 동적으로 평가할 수 있는 공간을 마련하면 우리는 높은 수준의 인식을 유지하고 신속히 움직여 잠재적 손실을 방지할 수 있다.

최고 수준의 조기 감지 시스템을 갖추더라도 실수는 발생하기 마련이다. 이는 피할 수 없는 일이다. 하지만 재차 강조하건대, 리더십을 보다 의도적으로 발휘하면 잘못된 결정의 반복을 피할 수 있다.

실수 후 의도적으로 잠시 멈춰서 배우고 적응하는 시간을 가지면 상황을 보다 빨리 정상으로 되돌릴 수 있다. 문제를 그대로 방치하거나 눈덩이처럼 불어나도록 놔두는 것을 리더십으로 여길 사람은 없다.

"리셋 모멘트는 위험을 막는
조기 감지 시스템이다."

생각을 재구성하라

사고의 재구성reframing은 인지 구조를 재편하는 기법으로, 비합리적 사고를 긍정적 사고로 대체함으로써 현실에 대한 인식과 해석에 영향을 미친다. 인지행동치료Cognitive Behavioral Therapy, CBT는 이 과학을 기반으로 한다. 재구성은 인지 편향을 인정함으로써 왜곡된 인식 너머를 볼 수 있도록 돕는 동시에, 감정 조절에도 도움을 준다. 이러한 관점의 변화는 새로운 해결책을 드러냄으로써 문제 해결 능력을 높인다. 또한 상호 이해를 증진시키며 분쟁을 완화해 의사소통을 개선하는 데 기여한다.

이 재구성이 본능처럼 작동하게 되어, 즉 상황을 인식하고 대응하는 방식이 자동적으로 바뀐다면? 그것은 리셋 마인드셋이 자리를 잡아가고 있다는 증거다.

재구성은 생각보다 훨씬 더 큰 힘을 가지고 있다. 우리의 감정적, 행동적 반응은 주변 세상과 사람들에 대한 우리의 인식과 해석을 형성한다. 따라서 특정 사건에 대한 해석을 바꾸면 우리의 감정과 행동도 의도적으로 바꿀 수 있다.

동료 중 한 명이 즐겨 하는 말이 있다.

'당신이 생각하는 걸 다 믿지는 마라.'

내가 처음 재구성을 의미 있게 경험한 것은 아버지가 돌아가신 후였다. 당시 나는 '왜?'에서 시작해 '이것은 무엇을 의미할까?'로, 거기서 다시 '이것의 또 다른 의미는 무엇일까?'와 같은 질문으로 더욱 깊이 파고들었다. 이것이 내가 결과를 주도하기 위해 경험을 재구성하던 초기 과정이었다.

또한 이혼 과정을 밟으면서 전 남편이 거짓말쟁이이면서 나의 멘토였다는 사실과 씨름해야 했던 일을 기억할 것이다. 두 가지 모두 진실이었으며, 매일 생각의 방편으로 어느 쪽을 택할지는 내게 달려 있었다. '이 남자는 악의적인 의도가 있었다'에서 '이것은 개인적인 공격이 아니라 단지 그렇게 느껴질 뿐이다'로 상황을 재구성함으로써 나는 여러 부정적인 해석을 피할 수 있었고, 이는 상처를 남기는 결과를 막는 데 도움이 되었다. 나는 피해의식에 빠져들지 않았고, 분노로 공동 육아를 불가능하게 만들지도 않았다. 그런 상황에서도 심지어 여유와 감사의 순간을 찾을 수 있었다. 상황을 재구성함으로써 나는 나 자신을 약하고 부서진 존재가 아니라 강하고 회복력 있는 존재로 여길 수 있었다.

아이들과의 관계도 마찬가지였다. 이 일이 아이들의 삶을 망칠 수 있다는 데에 초점을 맞추면 그렇게 될 것이 분명했다. 한 아동심리학자가 내 사고방식을 재구성하도록 도와주었다.

"모든 부모가 자녀를 망치기 마련이지요. 가능한 한 피해를 최소화하려고 노력하면 되는 겁니다."

이 단순한 한마디가 완벽한 부모가 되어야 한다는 집착을 내려놓을 수 있는 용기를 주었다.

그의 조언은 의사 윤리에서 말하는 '해를 끼치지 말라'라는 원칙을 떠올리게 했다. 이처럼 간단한 문구나 모종의 신호가 상황을 역동적으로 재구성하고 리셋 마인드셋으로 전환하는 방편이 될 수 있음을 알 수 있다. 그 말을 계기로 나는 모성에 대한 관점을 바꾸었고, 그럼으로써 상황 자체보다는 상황에 대한 내 반응에 집중할 수 있게 되었다.

재구성은 직장에서도, 그것도 체계적인 방식으로 활용할 수 있다. 재구성은 인식과 기회의 문화를 발전시키는 리더십 도구가 될 수 있기 때문이다. 이 과정에서는 제공자giver와 수용자receiver, 목격자witness의 세 가지 역할이 생긴다.

제공자는 안전한 공간을 조성하며 수용자에게 현재 가지고 있는 인식이나 해석에 대한 긍정적인 대안을 제시한다. 이는 질문이나 제안, 관찰을 바탕으로 한 피드백 등 다양한 형태로 나타날 수 있다.

수용자는 가장 어려운 역할이다. 기존의 가정이나 생각을 바꾸는 힘든 작업을 해야 하는데, 이는 일반적으로 강한 감정에서 한 발짝 물러서는 것을 의미한다. 그렇기에 이 과정에서 안전한 공간과 함께 목격자의 존재가 중요하다.

목격자는 안전한 공간을 조성하기 위해서뿐 아니라, 변화의 과정을 지켜보며 배우기 위해 그 자리에 존재한다. 누군가가 자신의 관점을 조정하고 적극적으로 개선하는 모습을 보는 것은 매우 고무적인 일이다. 목격자도 자신의 가정과 편견을 바꿀 수 있다는 가능성을 체감하고 변화할 용기를 얻게 된다.

처음 몇 번은 어색할 수 있지만, '리셋 모멘트를 갖자'라는 말을 도입하는 것과 마찬가지로, 이 과정이 이해되고 직장 문화의 DNA에 녹아들기 시작하면 마치 호흡처럼 자연스러워질 것이다. 팀원들은 이러한 사고 재구성의 기회를 거부하지 않을 것이며, 오히려 갈망하게 될 것이다. 재구성 시간을 가질 때마다 불안을 해소하고 부정적인 감정을 줄이며 더 긍정적인 결과를 끌어낼 수 있기 때문이다.

재구성에 익숙해지면 당신은 제공자이자 수용자, 그리고 목격자의 역할까지 동시에 할 수 있음을 알게 될 것이다. 다시 말해서, 당신 자신에게 재구성 대안을 제시할 수 있는 능력을 갖추게 되는 것이다.

"상황을 어떻게 해석하느냐가
결과를 바꾼다."

진전이 곧 완벽이다

완벽함은 무의미한 투쟁이다. 완벽이라는 개념 자체를 정의할 수 없기 때문이다. 완벽은 더 이상 개선, 발전, 성장의 여지가 없다는 것을 의미한다. 성장하지 않는다면 어떻게 될까? 정체될 수밖에 없다. 하지만 완벽을 '진전'으로 재구성하면 끝없는 변화와 성장, 발전의 여지가 생긴다.

일본에는 '진전'과 관련해 '카이젠^{kaizen, 改善}'이라는 멋진 단어가 있다. 카이젠은 '더 나은 방향으로의 변화'라는 뜻으로, 비즈니스와 개인 개발을 포함한 삶의 모든 측면에서 지속적인 개선에 초점을 맞추는 개념이자 철학이다. 이는 DC 코믹스의 슈퍼히어로 '샤잠^{Shazam}'을 떠올리게 한다. 이 슈퍼히어로는 자신의 이름을 외치기만 하면 솔로몬의 지혜, 헤라클레스의 힘, 아틀라스의 인내, 제우스의 권능, 아킬레우스의 용기, 머큐리의 속도를 불러낼 수 있다.

물론 카이젠이 이 모든 초능력을 부여하지는 않겠지만, 그러한 믿음을 갖는다면 더 나은 결과를 얻기 위해 프로세스와 시스템, 행동을 재창조하려는 의지가 생길 것이다.

사이먼 시넥^{Simon Sinek}도 저서 《무한 게임^{The Infinite Game}》에서 지속적인 개선이라는 개념을 반영했다. 시넥은 비즈니스와 개인 생활에서 지속적인 성공의 본질은 최고가 되는 것이 아니라 어제보다 더 나은 사람이 되는 것임을 설득력 있게 설파

한다. 리셋 마인드셋은 진전이야말로 궁극적인 목표임을 인식한다. 리셋 모멘트는 결승선이 없음을 이해함으로써 무한한 게임을 즐기며 무한한 사고로 접근할 수 있도록 돕는다. 리셋 모멘트는 이렇게 우리의 잠재력을 극대화하는 데 도움이 된다.

고등학교 시절 나는 테니스 선수로 활동하며 완벽을 추구했다. 학교 대표로 뛰었고, 짐작하겠지만 남다른 승부욕을 불태웠다. 포핸드, 백핸드, 특히 서브를 완벽하게 구사하기 위해 몇 시간이고 연습에 매달렸다. 서브가 라인을 넘어가거나 네트에 걸리면 지나치게 좌절하며 분노했다.

그러다 한 중요한 시합에서 압박감이 점점 커지면서 자신감이 떨어지기 시작했다. 나는 나 자신에게 패배하고 있었다. 세트 사이에 코치인 앤드루스 선생님이 다가와 말했다.

"잊지 마. 테니스는 순간의 게임이야. 매 포인트가 새로운 시작이자 다시 리셋할 수 있는 기회라고."

이 말을 마음에 새기고 다시 활기차게 경기에 임했다. 포인트 사이마다 리셋에 집중했다. 심호흡을 하고 라켓을 세 번 돌리며 '긴장 풀고 이 한 포인트에 집중하자'라고 생각했다. 한 점 한 점이 새로운 시작이자 이전 포인트에서 얻은 교훈을 적용할 수 있는 기회로 여겨졌다. 점수판에 신경 쓰는 대신 매 포인트를 최선을 다해 플레이하는 데 집중하기 시작했다.

게임은 한 번에 한 점씩 이기는 것이다. 완벽함이 아니라 진전이다.

"리셋 마인드셋은 우리의 잠재력을
현실의 성과로 이어 준다."

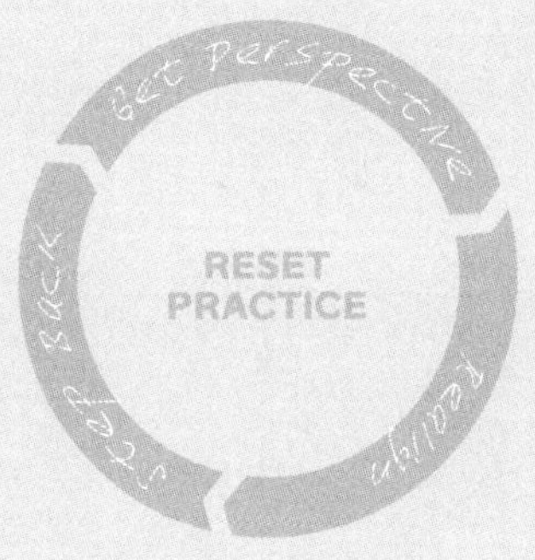

RESET
MINDSET

Step Back!
Get Perspective!
Realign!

리셋은 언제나 가능하다

때는 1914년 12월, 토머스 에디슨Thomas Edison이 소유한 뉴저지의 한 연구소에 불이 났다. 불길이 너무 거세져서 소방관들조차 포기하고 불이 저절로 꺼지기만을 기다렸다. 어떤 상황에서는 그저 그렇게 할 수밖에 없다. 항복하는 것 말이다.

하지만 그렇다고 해서 리셋도 할 수 없다는 뜻은 아니다. 에디슨은 모여든 군중 속에 서서 100만 달러 상당의 장비와 시제품, 연구 자료 등이 연기 속으로 사라지는 것을 지켜보았다(오늘날의 가치로 환산하면 약 3,000만 달러에 해당한다). 하지만 그는 욕설이나 저주를 퍼붓지도, 눈물을 보이지도 않았다. 그 어느 반응이든 적절하게 여겨질 수 있었는데 말이다.

대신 그는 침착하게 아들을 향해 말했다.

"가서 네 어머니랑 어머니 친구분들을 모두 데려와라. 이런 불구경은 평생 다시 못할 테니 말이다."

다음 날 아침, 잿더미를 뒤지던 에디슨은 이렇게 말했다.

"재난에는 큰 가치가 있다. 우리의 모든 실수가 불타 사라졌다. 이제 새롭게 시작할 수 있으니 감사할 따름이다."

이보다 멋진 리셋 마인드셋의 예가 있을까!

우리 모두는 인생에서 상실과 고난, 변화, 도전, 불확실성 등을 경험한다. 우리를 구분 짓는 것은 그러한 어려운 시기를 어떻게 준비하고 어떻게 대응하느냐이다.

나는 사업을 시작해 매각한 적이 있고, 파산을 경험한 적도 있다. 직원과 팀원을 고용하고 해고한 적이 있으며, 나 자신도 고용되고 해고된 적이 있다. 번아웃에 빠질 정도로 밀어붙이기도 했고, 포기 직전까지 내몰린 적도 있다. 나의 리더십이 의심받고 훼손당하기도 했고, 친구와 멘토, 가족을 잃기도 했다. 물론 그밖에 다른 저점들을 여러 차례 경험했다.

하지만 그때마다 나는 내가 배운 교훈을 바탕으로 다시 시작하기 위해 스스로 리셋하는 용기를 냈고, 그렇게 이 책도

탄생했다.

누구든 불안과 압도감을 스스로 다룰 수 있다. 목표도 얼마든지 달성할 수 있고, 뛰어넘을 수도 있다. 방해 요소를 극복하고 집중력도 되찾을 수 있다. 팀원 및 동료들과 더 효과적으로 소통할 수 있다. 연결과 협업도 강화할 수 있다. 집단적으로든 개별적으로든 효율성과 창의성도 높일 수 있다. 단순성을 포용함으로써 복잡성을 처리할 수 있다. 리셋을 실행한다면 말이다.

그 모든 것은 리셋 모멘트에서 시작된다. 이 도구는 사후 반응을 사전 예방으로 전환해 준다. 리셋 모멘트는 동기 부여 수단이자 가이드이며, 사고의 과정이자 일련의 행동 지침이다. 이를 이용하면 감정적으로 자유로워지고 실질적으로 강해진다. 매우 단순한 도구이지만, 그 단순성 속에서 깊이와 명료함을 발견할 수 있다.

일단 리셋 마인드셋을 장착하면 '가장 중요한 것에 집중하는 법', '혁신하는 법', '자기 점검을 실천하는 법', '주인의식을 갖는 법', '장애물을 제거하는 법' 등에 대해 따로 고민할 필요가 없다. 리셋 마인드셋이 자리 잡으면 이 모든 것을 본능적으로, 심지어 자동으로 수행하게 될 것이기 때문이다. 이런 행동들이 마치 숨 쉬는 것처럼 자연스러워질 것이다. 억지로 애쓸 필요도 없다. 루빅스 큐브처럼 아무리 뒤죽박죽 섞여 있더라도 상관없다. 몇 가지 단순한 단계를 반복해서 수행하면 막힌 상태에서 벗어나 가장 중요한 것에 집중하며 목표에 더 빨리 도달할 수 있다.

이 책이 당신의 삶과 리더십 여정을 상상하지 못했던 새로운 방식으로 재정의하도록 도울 수 있으리라는 기대를 담아 이 책을 내놓는다.

이제 리셋 모멘트를 하나하나 쌓아 가라.
그렇게 당신의 리셋 마인드셋을 구축하라.

멘털 모델로써의 리셋 마인드셋

가장 의미 있는 답을 선택하는 것이 우리가 사용할 수 있는 가장 강력한 도구 중 하나임을 기억할 것이다. 그리고 가능한 답이 여럿 존재하는 것처럼, 더 나은 결정을 내리는 데 도움이 되는 멘털 모델mental model도 여러 가지가 있다.

멘털 모델은 세상이 어떻게 작동하는지 이해하는 데 도움이 되는 틀 또는 이론이다. 멘털 모델은 우리의 관점을 형성하는 비판적 사고의 도구로, 상황에 대해 생각하는 방식뿐 아니라 접근하는 방식에도 영향을 미친다.

당신은 이미 보편적 진리에 관한 많은 멘털 모델을 접해왔을 것이다. 예를 들어, 속도velocity 모델을 통해 세상을 바라보면 속도와 방향이 모두 중요하다는 사실을 이해할 수 있다. 호혜성^{reciprocity} 모델은 먼저 긍정적으로 나서는 것이 상대방이 나를 받아들이고 반응하는 방식에 큰 차이를 만든다는 점을 이해하도록 돕는다. 또한 안전 여유^{margin of safety} 모델은 일이 항상 계획대로 진행되지는 않는다는 점을 이해하는 데 도움이 된다.

그렇다면 리셋 마인드셋은 어떨까? 리셋 마인드셋은 그 모든 모델을 아우르는 궁극의 멘털 모델이라 할 수 있다. 어떤 상황에도 적용할 수 있기 때문이다. 리셋 마인드셋은 새로운 시각으로 도전 과제에 접근하고, 어떤 관점에든 열린 자세로 임하도록 돕는다. 재정렬을 반복하다 보면 때로는 속도 모델이 유용하고 때로는 호혜성 모델이 필요하다는 것을 깨닫게 될 것이다. 계획대로 일이 진행되지 않을 때는 어떨까? 단 한 번의 리셋 모멘트를 취하는 것만으로도 안전장치를 마련할 수 있다.

요컨대 다른 모든 멘털 모델이 도구라면, 리셋 마인드셋은 그 모든 도구를 담아 두는 상자인 셈이다.

리셋 실행의 세 단계를 흔히 사용되는 몇 가지 멘털 모델과 연결해서 살펴보자. 그 단순성과 실용성, 영향력을 재차 확인할 수 있을 것이다(이와 관련된 참고 문헌은 권말에서 확인할 수 있다).

한 걸음 물러서기

이 단계는 자동 반응 상태로 의사 결정을 내리지 않도록 잠시 멈추는 것을 수반한다. 현재 자신의 상황을 객관적으로 점검하고 평가하는 단계로, 다음과 같은 멘털 모델을 활용할 수 있다.

- 한론의 면도날Hanlon's Razor: 타인의 행동을 무지stupidity로 설명할 수 있는 경우라면 악의malice로 추정하지 말라는 개념이다. 타인의 의도에 대해 섣불리 결론을 내리지 않도록 돕는다.
- 매몰 비용의 오류Sunk-Cost Fallacy: 이미 많은 시간이나 자원을 투자했다는 이유만으로 그 길을 계속 가는 비효율적 행태를 피하도록 돕는다.
- SWOT 분석: 개인이나 조직이 비즈니스나 프로젝트와 관련해 강점S, 약점W, 기회O, 위협T을 파악해 전략을 세우도록 돕는다.

- 5-Why 기법: 문제의 근본 원인을 파악해 팀 전체가 문제를 중심으로 협력하며 해결책을 향해 나아갈 수 있도록 돕는다.
- 거꾸로 생각하기 Inversion thinking: 정반대의 관점을 상상해 현재의 관점에 도전하는 개념으로, 잠재적인 문제를 파악하고 의사 결정의 사각지대를 피하도록 돕는다.

관점 전환하기

더 많은 정보나 다른 각도를 고려하기 위해 관점을 넓히는 단계다. 다음과 같은 개념을 활용할 수 있다.

- 파레토 법칙(80:20 법칙): 이를 적용해 현재 상황에 가장 큰 영향을 미치는 요인을 파악한다.
- 데카르트 좌표계 Cartesian coordinate: 신경언어프로그래밍에서 사용하는 이 도구는 구조화된 질문을 통해 상황을 여러 차원에서 바라볼 수 있도록 돕는다. 이를 통해 이해의 폭을 넓히고 문제 해결에 대한 더 포괄적인 접근 방식을 촉진할 수 있다.
- '이것의 또 다른 의미는 무엇일까?'라는 질문: 내부 편견

이나 집단 사고 또는 개인의 제한적 신념에 도전하는 데 도움이 된다.

- 지각 위치 기법: 자신과 상대방, 제3자 등의 관점에서 상황을 바라보는 간단한 역할극을 통해 다각적인 이해를 넓히는 방법이다.
- 확증 편향Confirmation Bias: 이 개념을 통해 정보에 대한 해석이 왜곡되고 있지는 않은지 평가할 수 있다.
- '어떻게 할 수 있을까?' 또는 '다른 방법은 없을까?'라는 질문: 이를 통해 문제 해결을 위한 창의적인 아이디어를 탐색할 수 있다.

재정렬하기

한 걸음 물러나서 관점을 정리했다면 목표나 가치에 더 잘 맞도록 접근 방식을 조정해야 한다. 다음과 같은 개념을 활용할 수 있다.

- 제약 이론: 이를 적용해 역량과 성장, 몰입을 제한하는 장애물과 장벽을 제거한다.
- 역량의 원Circle of Competence: 이를 인식하면 학습을 통해 역

량을 확장하거나 그 안에 머물기 위해 전략을 조정할 수 있다.

- 기회비용 Opportunity Cost: 이를 고려하면 목표에 더 잘 부합하는 선택을 할 수 있다.
- 게이트키퍼 3원칙 Gatekeepers Rule of 3: 이를 수용하면 규칙을 미리 정의하고, 지원 필터를 추가하며, 환경을 적절히 조성해 집중을 제어하고 유도함으로써 방해 요소를 차단할 수 있다.

이것은 시작에 불과하다. 나는 이후에 나올 책들에서 이러한 프레임워크와 멘털 모델을 더 깊이 탐구하고 직원의 적극적 참여, 영업과 마케팅, 고객 서비스, 커뮤니케이션과 갈등, 혁신과 문제 해결, 개인의 회복탄력성 등과 같은 구체적인 사안에 적절히 적용할 수 있는 도구들을 다룰 계획이다.

다음은 앞의 원칙들을 실제로 적용해 본 클라이언트들이 자신의 경험을 나누고자 전해 준 실제 체험 사례다.

에린ERIN: 나는 벌써 몇 년째 리셋 실행을 실천하고 있다. 시작은 당시 열 살이던 아들이 심각한 병에 걸렸다는 사실을 알게 되었을 때였다. 나 자신을 불쌍히 여기거나 아들을 안타까워할 시간조차 없었다. 우선 아들을 돌보는 방법부터 배워야 했다. 나는 딱 60초 동안만 자기 연민과 동정에 빠져든 다음, 앞으로 해야 할 일에 집중했다. 이제 우리 가족 모두는 잘 알고 있다. 어떤 일이 발생하면 슬픔이나 의구심에 빠질

시간은 60초뿐이라는 것을, 이후로는 초점을 전환해야 한다
는 것을 말이다.

라일라^{LYLA}: 나는 무슨 일이 생기면 성경 구절을 떠올리는
습관이 있다. 마음의 평화를 안겨 주는 성경 구절을 찾아 읽
으면 모든 일이 조금 더 쉬워지는 느낌이 든다. 전에는 이것
이 리셋 실행이라는 사실을 몰랐는데, 이제는 삶의 모든 영
역에서 더욱 의식적으로 이 방법을 실천하고 있다.

제프^{JEFF}: 내 직장 생활은 정말 끔찍했다. 업무량이 공정하
게 분배되지 않았고, 점심시간에도 일해야 했으며, 야간과
주말에도 일하도록 요구받았다. 상사에게 불만을 토로했지
만 그는 대수롭지 않게 넘겼고, 아무것도 바뀌지 않았다. 그
렇게 1년쯤 지나면서 내 태도는 부정적으로 바뀌었고, 스트
레스는 극도로 쌓였다. 그러던 중 리셋 모멘트에 관한 페니
의 링크드인 게시물을 읽었다. 그리고 스트레스로 인해 심장
전문의를 찾아 검진받은 뒤, 지금이 매우 중요한 리셋 모멘
트라는 사실을 깨닫게 되었다. 나는 즉시 리셋 모멘트를 취
했고, 이제는 분명한 경계를 설정해야겠다고 결심했다. 그

렇게 아무것도 달라지지 않는 그 직장을 그만두었고, 지금은 여러모로 훨씬 나아졌다. 리셋 모멘트를 왜 그렇게 오래 미뤘는지 후회될 정도다.

브라이언BRIAN: CEO와 관련된 긴급한 결정을 둘러싸고 모두가 패닉에 빠져 있었다. 나는 이럴 때 필요한 게 리셋 모멘트라고 말했다. 우리 모두 한 걸음 물러서서 상황을 객관적으로 바라보는 시간을 가졌고, 곧 문제가 생각만큼 복잡하지 않으며 즉각적이거나 전면적인 대응이 필요하지 않다는 것을 깨달았다. 얼마나 큰 안도감이 들었는지 모른다.

페이스FAITH: 나는 여러 공급업체와 함께 매우 중요한 프로젝트를 진행하고 있었다. 결과물이 전날 밤까지 이메일로 들어오기로 되어 있었는데, 아무것도 도착하지 않았다. 나는 원래 강하게 밀어붙이거나 단호하게 요구하는 성격이 아니었다. 그래서 리셋 모멘트를 통해 내 안의 다른 부분을 불러냈다. 그리고 이것이 용납할 수 없는 무책임한 일이라는 점을 명확하게 알렸다. "더 이상 변명하지 마세요. 오늘 자정까지 반드시 제출하세요." 즉각 답장이 왔다. "잘 알겠습니다."

브랜든BRANDON: 이번 달에 회사 역사상 최고의 매출을 달성했다. 평소와 같으면 나는 팀원들을 축하하고 또 다른 큰 성과를 향해 나아가도록 독려했을 것이다. 대신, 나는 잠시 멈춰서 팀원들에게 구체적으로 무엇이 이 성과를 이끌었는지 생각해 보도록 요청했다. 우리는 30분 동안 이 문제를 논의했고, 그런 수준의 성공을 유지하기 위해 지속시켜야 할 일이 무엇인지 명확히 파악할 수 있었다.

브렌다BRENDA: 나는 한 동료와의 대화에서 영감을 얻은 후, 새 책을 쓰기 위한 창의적 몰입에 집중하기 위해 하루의 일정을 재조정했다. 나는 내 에너지가 흐르는 곳으로 가야 했다. 이메일 답장에 시간을 쓰려던 계획은 잠시 유보했지만, 이번 리셋은 실로 좋은 결과를 안겨 주었다.

크리스CHRIS: 나의 리셋 실행은 새로운 일에 도전할 때마다 리셋 모멘트를 취하는 것이다. 이를 통해 나는 내 자신에게 묻곤 한다. "이 일에 '예스'라고 말하려면 무엇에 '노'라고 해야 하지?"

이 책에서 소개한 리셋 마인드셋과 리셋 실행은 특별한 사람을 위한 것이 아니다. 앞의 사례처럼 리셋은 우리의 일과 삶 곳곳에서 다양한 모습으로 이루어지고 있다.

이제, 당신 자신의 경험을 돌아볼 차례다.

1. 지금까지의 경험 중에서 리셋이 가장 필요하다고 느꼈던 순간
은 언제였는가?

2. 다른 사람들과의 관계 속에서 당신은 리셋 모멘트를 어떻게 활
용하고 있는가?

3. 효과적이었던 당신의 리셋 실행은 무엇이며, 새롭게 시도해 볼
수 있는 리셋 실행은 어떤 것인가?

감사의 말

이 메시지를 발전시키고 실현한 모든 분께 진심으로 감사드린다. 특히 제이슨 캐논^{Jason Cannon}에게 감사를 전하며, 케빈앤더슨앤드어소시에이츠^{Kevin Anderson & Associates}와 앰플리파이^{Amplify}의 부지런한 팀원들에게도 감사의 말을 전하고 싶다. 또한 내 강연을 듣고 각자의 관점과 응용으로 내 작업을 심화하는 데 도움을 준 청중 여러분께도 감사드린다.

무엇보다도 사랑하는 가족에게 가장 큰 고마움을 표한다. 집필에 집중할 수 있도록 도우며 최고의 사람, 리더, 교사가 될 수 있도록 영감을 준 남편 척^{Chuck}, 그리고 소중한 아이들 시드니^{Sydney}와 이선^{Ethan}에게 감사의 마음을 전한다.

마지막으로 넓은 용서를 실천하고, 항상 해결책을 찾고, 매일매일 회복탄력성의 모범을 보여 준 어머니께 깊은 감사를 전한다. 특히 아버지가 돌아가신 이후에도 용기를 잃지 않는 모습은 진정한 리셋 마인드셋의 본보기였다.

참고 문헌

1. 한 걸음 물러서기

Concept #1: Hanlon's Razor

Hanlon, R. "On the general applicability of the idea that political conflicts are misunderstandings." *Psychological Reports* 66, no. 3 (1990): 1039~1050. doi:10.2466/pr0.1990.66.3.1039.

Concept #2: Sunk-Cost Fallacy

Arkes, H. R. and C. Blumer, "The psychology of sunk cost." *Organizational Behavior and Human Decision Processes* 35, no. 1 (1985): 124~140. doi:10.1016/0749-5978(85)90049-4.

Concept #3: SWOT

Weihrich, H. "The TOWS matrix—A tool for situational analysis." *Long Range Planning* 15, no. 2 (1982): 54~66. doi:10.1016/0024-6301(82)90120-0.

Concept #4: Five Whys

Ohno, T. *Toyota Production System: Beyond Large-Scale Production.* CRC Press, 1988.

Concept #5: Inversion Thinking

Parrish, S. *Clear Thinking: Turning Ordinary Moments into Extraordinary Results* (New York: Portfolio, 2023).

2. 관점 전환하기

Concept #1: The Pareto Principle

Koch, R. *The 80/20 Principle: The Secret to Achieving More with Less.* Crown Business, 1998.

Concepts #2-4: Cartesian Coordinates; What Else Does This Mean?; and Perceptual Positioning

Dilts, R., J. Grinder, R. Bandler, L. Cameron-Bandler, and J. DeLozier. *Neuro-Linguistic Programming Volume I.* Meta Publications, 1980.

Concept #5: Confirmation Bias

Nickerson, R. S. "Confirmation bias: A ubiquitous phenomenon in many guises." *Review of General Psychology* 2, no. 2 (1998): 175~220.

Concept #6: How Might We? or How Else?

Brown, T. "Design thinking." *Harvard Business Review* 86, no. 6 (2008): 84~89.

3. 재정렬하기

Concept #1: Theory of Constraints
Goldratt, E. M. and J. Cox. *The Goal: A Process of Ongoing Improvement.*
North River Press, 2014.

Concept #2: Circle of Competence
Munger, C. T. "The Psychology of Human Misjudgment." Speech
delivered at Harvard University. 1995.

Concept #3: Opportunity Cost
Mankiw, N. G. *Principles of Microeconomics* (6th ed.). Mason, OH: South-
Western Cengage Learning, 2011.

Concept #4: Gatekeepers Rule of 3
Penny Zenker. *Accelerate Time Management Workbook* (2019): 34~35.
Penny Zenker. Gatekeepers Worksheet. 2020.

흔들리는 순간, 다시 선택하는 힘

리셋 마인드셋

초판 1쇄 인쇄 2026년 4월 20일
초판 1쇄 발행 2026년 4월 27일

지은이 페니 젠커
옮긴이 안진환
펴낸이 김주연
펴낸곳 베누스

출판등록 2024년 7월 19일 제2024-000104호
주소 경기도 파주시 재두루미길 150, 3층 (신촌동)
전화 031-957-0408
팩스 031-957-0409
이메일 venusbooks@naver.com

ISBN 979-11-989626-3-8 03190

• 책값은 뒤표지에 있습니다.
• 잘못된 책은 구입한 곳에서 바꾸어 드립니다.